70歳から楽になる

幸福と自由が実る老い方

アルボムッレ・スマナサーラ

角川新書

目次

構成／中村富美枝

第1章

70歳から自由を目指す

人生には初心者マークが貼りついている

●3つのステージで演じる人生

人生には3つのステージがあると、私は考えています。

人によって差があるので年齢を厳格に分ける必要などありませんが、1つ目のステージは、生まれてからだいたい30代半ばくらいまでです。

とくに、成人になるまでは皆に初心者マークが貼りつけられています。成人になれば「大人」です。しかし、初心者マークは剝《は》がれません。この年齢で就職したり恋愛したりして結婚もするものの、すべて初めての経験になります。だから、いろいろ失敗します。

仕事が合わなくて転職する人もいるし、転職もできなくて苦労する人もいるでしょう。結婚したからといって、当然経験が豊かなわけではありません。結婚生活においてもたくさんトラブルが起きたり、いろいろ間違いを起こしたりします。

それから、子どもが産まれてくるかもしれませんね。これも初めての経験です。経験ゼロの人が子育てに励むのだから、すべてスムーズに流れるはずがありません。

結果として、いろいろ失敗やトラブルなどと闘って生きることになります。このような流れで人は徐々に成長しますが、初心者マークは剝がれないのです。

２つ目のステージは、いわゆる働き盛りの年代です。

35歳くらいになると、人間関係もできてきて、会社や地域社会でそれなりの役割を与えられるようになります。子どももどんどん成長し、家も買って、家庭でも大きなイベントが続きます。

ただ、こうしたことは、やはり初めて経験することばかりで、相変わらず初心者マークは外せずにいます。

そして、最後のステージは、定年退職を迎える65歳くらいから。つまり、本書の読者世代です。

このステージの入り口に立った人は、たいてい仕事も子育ても一通り経験しています。とはいえ、職場も去ってしまったし、子どもが独立してしまえば、その経験を活かすチャンスはもはやありません。今度は、また未知の世界へ向けて、初心者マークをつけ歩み出さねばなりません。

●見習いだから楽しい

このように、人生の面白さとは、なにか資格を手にしたと思ったら、それを取り上げられてしまうところにあります。

死ぬときですら初心者。だって、死んだ経験などないから、わからないことばかりです。人は何歳になっても見習い状態なのです。

そもそも、世界は絶えず流れており、変わらないものなどひとつもありません。そうした刷新され続ける世界に対応するという意味でも、いつも見習いであり続けることはとても重要です。

ところが、最後のステージにおいては、資格を取り上げられることに傷つき、初心者マークをつけ直すことに抵抗する人が多くいます。

たとえば、すでに退職した会社で過去にどれだけ業績を上げたかということを自慢したり、いつまでも「〇〇部長」などと肩書き付きで呼ばれることを喜んだりする人たち。

あるいは、定年を延長して会社に残ったものの、かつての部下が上司となったというケースもあるでしょう。本当なら「部下という初心者マーク」をつけて働かなければならないのに、いつまでも上司のように振る舞いたがったりします。

しかし、それは最後のステージを台無しにする行為です。

新しいプログラムで楽しい日々を過ごすためには、古いプログラムは捨てなければなりません。右手に古いプログラム、左手に新しいプログラムというわけにはいかないのです。古い荷物はきれいに捨てて、新しいプログラムのために両手を空けましょう。

自分を活かすプログラムを組みましょう

●人間になってみましょうか

65歳を過ぎたあたりから、私たちは人生を締めくくるステージである第3部を迎えます。

ここでは、本当にあなたらしい生き方、人間らしい生き方が可能になります。

それまであなたは、地球上のほかの生命と同じように定められたプログラムで生きてきました。そこでは、「取ること」を最優先にして、悪く言えば獣のような生き方をしてきました。

自分ではそんなつもりはなくても、競争社会で教育を受けたり、仕事や子育てをしたりしていれば、いつの間にか荒《すさ》んでしまいます。

　現代社会で人間は、奴隷のように生まれ、奴隷のように生きています。でも、死ぬときには奴隷をやめて人間にならねばいけません。人生の第3部は、そのためにあると考えていいでしょう。

　振り返ってみればこれまで、鞭《むち》で打たれるのが嫌だから、鎖をつけられながら仕事をしてきたに等しいのです。そして、不要になったら鎖をつけたまま放り出されました。今は、その鎖を解いて自由になるときです。

　いつまで経っても、「私は過去にこんな大きな仕事をしていて……」などと言っている人は、いまだ鎖につながれていると気づいてください。

　鎖を自ら解いて、人間になるのが第3部。「さあ、これからは自分を生きるぞ」とプログラムを立て直しましょう。

●心穏やかに楽しく生きるプログラム

　勤めていれば会社のプログラムに、子育て中は教育優先のプログラムに振り回されて、本当に自分が考えている生き方などできないのが、第1部と第2部です。

最後のプログラムは、自分の生き方にフォーカスし、心穏やかに楽しく生きていくことを目指しましょう。

具体的に、どう組むべきかがわからなければ、ブッダの教えから自分に合うプログラムをダウンロードして実行してください。

生きとし生けるものが幸せでありますようにと願う慈悲の実践（一六七ページ参照）もそのひとつです。

過去のデータを使わないことも大事です。たとえば、老人ホームに入って、40歳のときにパーティで食べたごちそうを思い出す必要はありません。そこで出される消化のいいシンプルなご飯を、ありがたくいただきましょう。

高齢になれば、若い人たちの世話になったり、ときには従ったりする必要も出てきます。ただし、それは人格まで否定されるということではありません。そこを勘違いせず、心を育てて超越していきましょう。

私の講演会に参加したことがある男性が、治らないがんにかかり、亡くなる前に奥さんに言ったそうです。

「みんな頑張ってね。僕のことは心配いらない。どうして自分が生まれてきたか、答えを見つけたんだよ」

そして、この世に執着することなく「さよなら」と亡くなっていきました。

この男性は、最後のステージで私たちに与えられる宿題を解くことに成功して、人生を人間として締めくくることができたのです。

最後のステージで私たちに与えられる宿題については、次節で述べましょう。

「離れる」という新しいプログラム

●取ること優先だった第2部まで

人生3部作の第1部と第2部では、いろいろ「取る」ことをしてきました。勉強して学歴をつける、就職する、結婚する、子どもを持つ……こうして、自分の周りに、たくさんのものを取ってきました。

もちろん、その「取る作戦」には失敗もあったでしょう。

進学や就職がうまくいかないこともあったろうし、離婚した人も、望んでいたけれども子どもができなかった人もいるでしょう。

それはそれでいいのです。みんな、だいたい失敗のほうが多くて、失敗7割で成功3割ならいいほう。人生とはそういうものです。

このように、たくさんの失敗を重ねながらも「取る」をやって来たあなたは、最後のステージである第3部でなにをすべきなのでしょうか。

一番大事なのは、これまでとは違う生き方をすること。すなわち、これまで取ってきたものから「離れる」ということです。

失敗したことからも、成功したことからも離れる。これまでの仕事や子育てに追われてきた日々から離れるのです。

一生懸命やって来たことから離れるのは、ちょっと寂しいかもしれません。

しかし、あなたが離れたいか離れたくないかには関係なく、あなたが持っているものは取り上げられます。

会社を退職するときには名刺も返し、机もロッカーも取り上げられます。おばあちゃんになれば、台所の主導権もお嫁さんに取り上げられるのです。

なんでも取り上げられることが嫌な気持ちを起こします。頑固で怒りっぽい人間になりかねません。皆に嫌われて周りに誰もいなくなる可能性もあります。だからこそ、新しい人生プログラムを組み立てるのです。「取る」人生のかわりに、「離れる」ことを優先したプログラムです。自分が持っているなにかを取り上げられようとしたときに、「いやですよ」としがみついたら苦しくなります。どうせ自分から離れる運命のものだから、「はい、どうぞ」と言ったほうが楽になります。

●執着を捨てないと苦しいだけです

取り上げられることに対して、淡々と「はい、さようなら」と言える人は幸せです。どうせ取り上げられるのなら、きれいに包装して全部差し出してしまったほうが楽ですからね。

一方で、過去に執着する人は精神的にとても苦しみます。

「俺がいなくちゃ仕事が回らないだろう」

「私がいなくちゃ子育てできないでしょう」

こうして抵抗してみても虚《むな》しいだけ。あなたがいなくても、第１部や第２部の人たちは誰も困らないのです。

ちょっと厳しいたとえを用いましょう。

長年住んでいたボロアパートが建て替えられることになりました。どれだけ愛着を抱いて住んでいても出ていかなくてはならない状況です。

そんなとき、住み慣れたアパートに愛着を持ったままで引っ越ししたなら寂しさを感じます。不便を感じます。行き慣れたスーパーを思い出します。

このように苦しみを感じるのは、そのアパートに執着を抱いているからです。

執着を捨てて、「新しい場所で、新しい環境で、新しい人生を送ろうではないか」と考えると楽しくなるはずです。

人生の最後のステージにおいて、物事から離れるということは当たり前で、とてもナチュラルなプロセスなのです。

歳をとると、慣れた環境、慣れた状況で落ち着きたいという気持ちがあらわれます。この気持ちも執着です。

年齢によって次から次へと変わる環境に適応できる体力や精神力が衰えているのですから、落ち着きたいという気持ちがわいてくること自体はおかしなことではありません。変化に適応する能力が減り、物事に執着する悪い癖だけが強くなってしまうことが困るのです。

愛着、執着は悩み苦しみをつくります。人生の明るさを壊してしまいます。

でも、多くの人が、取る能力は残ったままでいるので、相変わらず取ろうとしてしまいます。

大切な第3部を無為に消費しないよう、「離れる」という宿題に取り組んでいきましょう。

過去のデータは捨てましょう

●不幸を隠す上塗りはムダ

若い頃はスポーツでも楽器演奏でも、自分がやってこそ楽しかったはずです。でも、年をとると、そうはいきません。サッカーなんてできないし、肺活量が落ちるからトランペットだってうまく吹けなくなります。

そのかわり、人がやっているのを見る楽しみが増えます。若い人たちに頑張ってもらって、こちらは無責任に見ていればいいのです。

そして「自分はなにもせず楽しむことができて、気楽でいいなあ」と受け止めればいいのだけれど、「もうサッカーはできない」「もうトランペットが吹けない」と思ったら不幸です。

こういう人は、過去のデータで生きています。

世の中は絶えず刷新されているのに、過去のデータで生きていれば、一日一日ずれが大きくなって不幸を隠す上塗りをしなければならないことになります。上塗りしても中身は変わらないのです。昨日より今日、今日より明日は不幸になります。

彼らは、たとえばスポーツクラブに入って自己紹介するときも、「私は○○企業で働いていました」と過去のデータを使います。「これから、クロールで泳げるようになりたいんです」と新しい話をすればいいのに、過去優先なのです。

老人ホームに入っても同様に振る舞うから、新しい友だちができません。今日を楽しく生きたい人たちからは、「そんなこと聞きたくないよ」と嫌われてしまいます。

●過去は邪魔なだけ

70歳まで生きていれば、誰だっていろいろな成果も上げたでしょう。仕事でも子どもの教育でも、立派にやって来たということはわかります。だから、それを否定するわけではありません。

ただ、すべては「過去のこと」です。今日を楽しく生きるには、なんの役にも立たないどころか、むしろ足を引っ張る要素だということを忘れないでください。

過去を持ち運ぶ人は、腐った遺体を背負っているようなものです。臭いから、周囲の人たちは嫌がって離れていきます。

もう、過去を懐かしむのはやめましょう。

過去にあったものが今はない。そんなことは当たり前です。ニキビだらけの高校生は中学時代の愛らしい体には戻れません。過去にあったものを、今も手にしている人などいないのです。

一方で、前を見てみれば、毎日は新しいですね。過去にはなかったものが、今この瞬間にあります。その、瞬間、瞬間を楽しんで生きましょう。

たとえば、庭に花を植えて育てるのもいいでしょう。

きつい山登りは無理でも、自然の中を歩きたいなら、ハイキングに出かけましょう。

音楽を習ったり、絵を描いたりするのもおすすめです。

地域社会のボランティアに参加したり、コンビニエンスストアでアルバイトをするのだって楽しいはずです。

どんなことを始めるにしても、過去の延長ではなく、まったく新しいプログラムを組んでください。「かつて○○会社にいた自分」として取り組むのでは、「なんで部長までやった俺が、コンビニでペコペコしているんだ」となってしまいます。

離れていくことは自由を得ること

●離れるのは高齢者の特権

自分が建てた家。

自分が買った車。

どれほど高価なものでも、第2部までに手に入れたものからは、最後のステージに入ったら離れましょう。

息子にお嫁さんが来て一緒に住んでいるときに、「ここは私の家です」と言っていたら、お嫁さんからは嫌がられるし、息子も困ります。

それよりも、「取る時期」にいる若夫婦に、「この家のことは全部まかせるからよろしくね」と渡してしまえば喜ばれます。そして、なにより「離れる時期」にいるあなた自身が楽になります。

あなたが女性なら、これまで自分が仕切っていた台所も、お嫁さんにまかせましょう。そして、つくってくれた料理を褒めれば、お嫁さんは張り切って、さらにいろいろな料理を出してくれるでしょう。

そうすれば、毎日あなたがやらなければならなかった大きな仕事が確実に減るのです。それに費やしてきた時間を、自分の好きなことに使いましょう。

離れるというのは、ちっとも残念なことではなくて、自由を得ること。

第2部までにいる若い人たちは、大変でも取ることを続けなくてはなりません。そういう人たちを尻目《しりめ》に、「私はもういらないからあげるわ」と言えるのは、とても気分が良いことでしょう。

それは、最後のステージまで来た人の特権です。

●自由を味わえる人

車だってそうでしょう。

車を持っていれば、ガソリン代はかかるし、保険料もバカになりません。

さらに、事故を起こさないようにと気を遣いながらの運転は大変です。実際に、高齢者が引き起こす交通事故の増加は社会問題になっています。

だったら、そんなものは若い世代に譲ってしまいましょう。

病院やスーパーに行くときには誰かに送ってもらってもいいし、福祉サービスを使ってもいいし、バスがあるならバスに乗ればいいでしょう。あまり精神的な問題をつくらないほうがいいのです。

たとえば、バスの例で考えると、自分の意思でバスに乗る自由を楽しみましょう。

バス停で出会った同年代の人たちと友だちになる自由。

その友だちとお茶を飲んでおしゃべりする自由。

違うバスに乗って好きなところに行ってみる自由もあります。

私もよくバスを使いますが、バス停には高齢者がたくさん並んでいます。そういう人たちの中には、かつては大きな会社の社長さんだった人もいます。

彼らはべつに、車が買えないからバスに乗っているのではありません。そこにある自由が好きだから、バスを使っているだけです。

一緒に並んでいる人たちは、過去の立場は関係なくみんな同等。もう取ることはやめて、離れることをしている人たちです。自分もそのひとりとして並んでいることは、とてつもなく自由なのです。

死ぬことに成功する人、失敗する人

●悟りを得て死ぬということ

お釈迦《しゃか》様は、「離れる宿題に合格した人は死後幸福になる」と教えています。

離れる宿題に合格したら、もうこの世の次元のことをやり直す必要はありません。

一方で、その宿題に取り組まずに執着だらけで死んだ人は、輪廻転生《りんねてんしょう》してまた同じプログラムを一から繰り返すことになります。終わりがないのです。

しかも、そこに生じているエネルギーは業《ごう》のエネルギーですから、また人間に輪廻転生するかどうかはわかりません。あらゆるところに生命次元があり、最後の気持ちしだいでどこに飛ばされるかが決まります。

だから、今この世にいる私たちにとって、「離れる」という宿題をこなしていくことは、非常に重要なのです。

お釈迦様は、最期を迎えた自分の父親に言いました。

「お父さん、目はどうですか？」

「ああ、大変だ」と答える父親に、さらにこう伝えました。

「うまく働かないんでしょう。ということは、もうそれはお父さんのものではありません。離れてください。目に見えるものも、あなたのものではないので離れてください。それから耳です。前のように働かない。耳にふれる音も前と違います。自分のものにはならないので離れるのです」

このような流れで鼻・香、舌・味、身・触、意・考えられる内容、というすべてのことから離れることを教えたのです。

こうしてお釈迦様は、父親が宿題に合格するように手助けをしてあげたわけです。そして、お釈迦様の父親は、最高の悟りを得た聖者、阿羅漢《あらかん》となりました。

●捨てることと離れることの違い

離れるというのは、「捨てて処分する」ということではありません。

離れるという、偉大なる人格者の生き方について紹介すると、みんな「すべてを捨てなくちゃならないの？」と嫌な顔をします。

ここで、「離れる」という真理について、少し詳しく説明しましょう。

そもそも、捨てるというのは持っている人がやることです。隣の家のものを捨てる権利はあなたにないでしょう。それは違法行為です。

では、捨てるためにあなたはなにかを持っているのか、あなたに使用権はあるのか、という問題について考えてみましょう。俗世間的な考えでは、個人が持っているものはあるし、所有権もあります。しかし、真理の世界では違うことを言っています。

「わたし」とは、さまざまな原因の組み合わせで起きた一時的な幻覚に過ぎないのです。

「わたし」という実感は、瞬間、瞬間、変化して流れるものです。

今はまだ理解できなくても、「わたし」という実感が幻覚であり妄想であるということを覚えておいてください。

さて、このスタンスから話を進めましょう。もともと「わたし」という変わらない実体があるならば、その実体に所有権が成り立つでしょう。一方で、「わたし」がいないとするならば、わたしが所有するものも存在しないことになります。

「わたし」が実際にいるか否か、今の時点であなたがわからなくても、それはかまいません。しかし、あなたは物事に執着しているでしょう。「これはわたしです」「わたしの体です」「わたしの服です」と。

わたしの家、財産、子ども、子孫、云々《うんぬん》……。わたしの知識、立場、地位……というものもあるでしょう。それらに執着しているはずです。

離れるとは、こうした執着をなくすことです。

●「わたしのもの」は何ひとつない

まず、自分がいる、自分に所有権があるという仮定で考えてみましょう。

自分に所有権があるならば、それを他人が取り上げることは違法になります。自分の子どもを誰かが許可なく連れて行ったら、誘拐という犯罪行為です。しかし、その子どもは大人になると自分から離れて独立するでしょう。

知識はいかがですか。自分のものなら一生ついてくるはずです。残念ながら知識は衰えていきます。職業も、地位もなくなるでしょう。あなたの地位を別の人にあげたりもするでしょう。

財布はあなたのものだといえますが、スリにあって盗まれることもあります。そのとき、そのお金は他人が使うのです。要するに、そのお金はあなたのものではなかったのです。なぜ店の人は「これはあなたのお金ではない」といって断らないのでしょうか。

健康もなくなっていくし、体力もなくなっていきます。病気にかかって機能しなくなったら臓器も摘出されてしまうでしょう。わたしの命、尊い命と空自慢している人がいますが、誰の命も死によってなくなるのです。

ですから、結論は「わたしのもの」といえるものは何ひとつないということです。なんでもやがて取り上げられるということです。

このように述べると、少々暗い話に聞こえるかもしれません。しかし、そうではありません。もともと「わたし」という実体も存在しなかったのですから。「わたし」は錯覚だったのですから。

その錯覚が起こる仕組みについては、後ほど説明しましょう（九二ページ参照）。

●いらぬ心配はやめましょう

いい死を迎えたいなら、執着から根本的に離れる必要があります。

細かい遺言状を書いて、「○○は長男に、○○は次男に……」と指示するのは、自分のものとしての執着があるからです。自分が死んだ後にまで、自分のものとして分け与えたいのです。

もちろん、子どもたちの間で揉《も》め事が起きないように願う気持ちはわかります。しかし、それとて、あなたの思うようにはなりません。だったら、人生の最後のステージにいるうちに、あなた自身がそうしたものから離れてしまったほうがいいでしょう。

ましてや、お墓の心配などやめておきましょう。

仏教を正しく理解していない人は、葬式のときにお坊さんからお経を読んでもらってお墓に入ることで成仏すると思っています。しかし、死後どうなるかは、その人の生き方、すなわち離れる宿題に合格できたかどうかで決まるのです。

執着を捨てて死ねたならば、自分がきれいに消えるだけでいいはずです。遺体は灰にして、海にでも撒《ま》いてもらえばいいでしょう。

地球の土地を占領し、そこにお墓を建て、生き残っている人たちに管理させることにどんな意味があるのでしょう。

私は、さまざまな宗教の葬式に出てきましたが、いつもおかしくって笑いそうになります。というのも、遺影は本人とは違ってずいぶんきれいだし、周囲がいろいろ嘘でごまかそうとしているのがおかしいのです。

残された人たちが、よかれと思ってやってくれているのは仕方ないとして、まずは本人が宿題をきちんとやり遂げることが大事です。

社会が必要とする人間

●なぜ声がかからなくなるのか

人生の最後のステージでは、離れることを学ばないといけないけれど、それは「社会から離れる」というのとは違います。

年をとっても社会に貢献したい、なにかの役に立ちたいと考えることは悪くありません。

ただし、「私は○○ができます」「○○で力になれます」と訴えても、協力を頼まれないのでは、どうしようもありません。

これは、声をかけてこない社会に理解が足りないのではなく、自分に問題があると考えたほうがいいでしょう。

「まだまだみんなの役に立てる」と思っているのに、声がかからなくなるのはなぜなのでしょう。

たとえば、「高齢者がいかに楽しく生きるか」というテーマで、70歳を過ぎた有名人に講演会をしてもらうとしましょう。

聴衆を自分の仲間の集まりと考える人なら、面白い話をしてくれそうです。

一方で、かつて大企業の社長だったような人に頼むと最悪です。その人にとって、聴衆は部下に見えるから上から目線で物を言います。

本人は「いい話をした」と思っていても、みんなには過去の自慢話にしか聞こえません。「早く終わってくれ」と思いながら我慢して聞いているだけで、ちっとも喜ばれていないし、役に立っていないのです。

その社長には、過去に会社を経営する能力はあったのでしょう。しかし、今というときに、その場に適した行動ができないならば、ひとつの貢献もできません。

●チューニングが必要です

高齢者でも、能力の高い人はたくさんいます。ただ、その能力が必要とされないのは、新しい世の中に合わせたチューニングを怠っているからです。

１９９０年代にもてはやされたやり方で、２０２０年代を生きる人々に「私を活用しなさい」と言っても通用しません。
ある日本語学者は、40代の頃から頭角を現し、一時期はあちこちから講演の依頼をされていました。そのときは、間違いなく時代とマッチしていたのです。だけど、70歳を迎えた今、仕事の話が来なくなりました。

年はとっているけれど、自分はまだまだ役に立つ話ができる。世の中の言葉がおかしくなっている今の時代こそ、自分の話に耳を傾けてほしいのにと、残念に思っているわけです。

彼に必要なのは、自分自身のチューニングです。年をとったから役に立たないのではなく、チューンナップをしていないから必要とされないのです。いくら立派なラジオでも、周波数が合っていなければ、雑音ばかりするのと同じです。

逆に言うと、しっかりアンテナを張って、チューニングさえうまくやっていれば、年齢に関係なく活躍できます。

古い経験は脱ぎ捨て、身軽になりましょう。そして、初心者マークをつけ、新しいアンテナを立てましょう。

チューニングができている人、できない人

●流れに乗れなければ廃棄されます

芸能人でも作家でも、過去にすごく売れたのに今は忘れられているという人がいます。一方で、変わらず長く売れている人もいます。この違いはなにかといったら、その人のチューニング能力の差ではないかと思います。

長く売れている人は、過去の成功パターンに執着せず、世の中に合わせてちゃんと自分を変えることをしているのでしょう。

一方で、過去のデータのままに活躍したい高齢者は、アンテナがさび付いた状態を放置

しているようなもの。それで「活躍の場がない」と嘆くこと自体が変でしょう。

料理の勉強をして、調理師免許をとっても、ずっと同じ料理をつくっていたら成長しないし、お客さんも離れていきます。それに、同じ料理をつくる材料がいつも手に入るとは限りません。

今ある材料で、今目の前にいるお客さんを喜ばせる、柔軟な対応が必要です。

これは、医者だろうと弁護士だろうと同じです。流れている世の中にあって、固定してはダメなのです。

ここは、感情的な側面からではなく、自然の法則で考えてみましょう。

あなたが、スーパーマーケットに行ってリンゴを買うとき、少しでも、新鮮でみずみずしいものを選ぶでしょう。腐りかけた古いものは避けますね。それと同じことです。かつてはみずみずしかったとしても、今は違うのです。

「このリンゴは経験を積んだ素晴らしいリンゴなのに、なぜ誰も選ばないのだ」と憤慨するのはやめにして、チューニングしてみましょう。

●固定されているものなどありません

自分の人生は固定していないし、周囲の環境も固定していません。政治も経済も含め、この世の中に固定しているものなどなく、すべては流れています。

会社のビルも通勤電車も自宅も、いつも通りそこにあるから、あたかも固定しているように感じてしまうだけで、分子レベルではどんどん変化しています。それなのに、その変化の流れに乗ることができなければ、廃棄処分されて当然です。

言葉について考えてみても、子どもたちや若者を中心に新しい言葉がどんどんつくられています。「ダサい」も「キモい」も、使われ始めたときには一部の人たちの特殊な言葉だったけれど、今はすっかりメジャーなものになっています。

それが流れです。言葉がおかしくなっているのではなく、そういう流れなのです。

ユーチューブやＳＮＳも、間違いなく新しい流れであり、しかも主流となっています。だったら、そういうものを使って発信してみたらいいでしょう。つまり、また初心者マークをつけるわけです。

私自身、ユーチューブを活用しての説法にチャレンジしています。もちろん、マイナスがないわけではありません。勝手に間違った内容が拡散されてしまう危険性もあるでしょう。でも、やりもしないで「あんなのはおかしい」というのは、自分が変わることを面倒がっている人のいいわけです。

初心者マークをつけ、なんでもやってみましょう。見習いなのだから、失敗したって恥ずかしくありません。わからないことは、若い人にどんどん聞いたらいいでしょう。そうやって毎日を楽しんでいれば、アンテナが磨かれて、チューニングもうまくいくかもしれません。

財産を守ることがあなたの仕事ではありません

●騙されることの心理

詐欺事件などで被害者になるのはほとんど高齢者です。そのなかでもひとり暮らしの人が多いようです。

人を騙《だま》して財産を取り上げる詐欺師たちは、高齢者はなにも知らない無知な人々だと思っています。いくら年をとっても、誰かの餌《え》食《じき》になってはならないのです。

ここで騙されやすい心理について理解しておきましょう。

家族と離れてひとりで暮らす高齢男性が、20代の若い女性と知り合った。その女性が優しくしてくれるのが嬉《うれ》しくて、男性は自分の財産のほとんどをプレゼントしてしまった。結構よくある話です。

それを知った子どもたちは大騒ぎ。

「オヤジは騙されているんだ」

「私たちが相続するはずだった財産をどうしてくれるの」

高齢の父親には判断力がなくなってしまって、その女性のいいようにされているのだと、子どもたちは思っているわけです。

でも、男性にしてみれば、親切にしてくれたからあげただけのこと。

たとえ、その女性がもらったものをどんどん売って儲《もう》けたとしても、それでいいのです。男性にとっては、騙されたのではなく、あげたのだから「まあ、それでいいんじゃない？」くらいにしか思わないはず。長く生きていれば、そういう気分になるものです。

たとえば、高価なクラシックカーを持っていても、年をとれば運転する機会もなくなります。乗る車といえば救急車くらいになってきて、維持や修理にお金がかかるクラシックカーを持っていても仕方ありません。

そういうときに、「これいいですねえ、ほしいな」という人がいれば、「ああ、いいよ。

譲渡の手続きだけちゃんとしてくれたら、持っていって」となってもおかしくありません。だって、それはもう、持っていても意味がないものです。粗大ゴミとして捨てる手間を考えたら、あげたほうが楽なのです。

高齢者にとって大事な仕事は離れることで、財産を守ることではありません。「それをもらうのは私たちの権利だ」と考えている子どもたちにも問題があります。子どもは親孝行の義務を果たすべきです。

人生の第3ステージでは離れるプログラムを組み立てることを推奨してきましたが、離れるプログラムを持っている高齢者には優れた理性と判断能力がつきます。

離れるプログラムを持たないままに年をとった場合でも、若いとき実行した「取る」プログラムは壊れてしまいます。そのかわりに年にふさわしい新しいプログラムをインストールしていないと、ただ「取る」「しがみつく」力が弱くなるだけです。

すると、誰かがこれがほしいと言ったら、あげてしまうようになります。相手が我が子であっても他人であっても気にしない。それが結果として、詐欺師に騙されやすい心理になっているのです。

だから、さっそく離れるプログラムを実行して、どんな若者にも負けない優れた理性の持ち主にならなくてはいけません。

●有効期限を見極めましょう

高齢者は本来、財産を持っていたいわけではありません。それを持っていても、自分にできることは限られていると知っています。

私も若い頃は、いろいろなものを所有していました。しかし、どんなものにも自分が使える有効期限があります。

期限が切れたものを持っていれば、高齢者にとっては邪魔な荷物にしかなりません。でも、若い人が使うと、その期限が延びて価値が生まれるのならば、手渡してしまったほうがお互いに得をします。

若い人と高齢者では、使いこなせるものの種類が違います。

よく、「まだまだ若い者には負けない」などと言う人がいますが、そもそも争う必要などありません。勝つも負けるもないのです。

人生の最後のステージに入ったならば、第2部までにいる若者たちとは違った生き方をしましょう。

いまだに「取る」をベースにしているから、「守る」という発想も生まれます。「離れる」にシフトすることで、守らなければならないものなどなくなります。そうした自由を手にしてください。

人生の業績に困らなくていい

●「自分の人生はなんだったのか」と考えている人へ

70歳くらいになると、これまでの人生を振り返ることが増えます。そして、「たいしたことは残せていないな」と寂しく思う人もいるようです。自分の業績を次の世代が大事にしてくれるのかと心配する人もいます。なにか残したいとむやみに頑張る人もいます。

しかし、このような心配は無意味です。

業績が残るか残らないかは個人の悩みではないのです。人類にとって役に立つことができたならば後の人間が大事にするでしょう。

科学者たちの科学的な研究成果もすべて残るわけではありません。業績を後世に残す、またその業績をつくったひとの名を歴史に刻むことなどは、次の世代か、次の次の世代の仕事になります。そして、自分の業績が未来世代の役に立たない程度のものならば、あっさり忘れられてしまうのです。

かつては、時々の権力者たちの銅像が、その権力者たちの命令によって盛んにつくられていました。しかし、彼らは今の人間には関係のない人々なのです。鳥たちは自分の便所に使っています。旧ソ連の国中に立っていた幾多の巨大なレーニン像も、後の人々によって壊されるはめになりました。人々に拝んでもらいたいと無理に頑張った結果、非難を受けて銅像も処分されることになったのです。

今、役に立つことが将来も役に立つかどうかはわからない。逆に今、役に立たないものが、将来役に立つかもしれません。病人に欠かせないと今評価されている薬が、将来は毒物として使用禁止になるかもしれないのです。そうやって、すべての価値は時空関係で変化します。

ですから、ある人が自分の業績を残そうと思ってもそれは無意味な努力になるのです。重大なポイントは人の役に立つか否かです。

時代を経ても人類の役に立つものが残ります。そうでないものは時代遅れになります。どうしても自分の業績を残したいと思うならば、人類に永遠に役に立つなにかを残すことです。それはなにか、皆わからないでしょう。

ですから、むやみに困る必要はありません。今の自分の業績で今の人間の役に立つならば充分なのです。

できることなら人の役に立つ人間になってみましょう。

●ブッダの教え

ブッダの教えは人間が学んで実践して次の世代に伝えるべきものです。

ブッダの教えのポイントは、人類の幸福です。言葉を換えると、人生の悩み苦しみをなくして、安穏に達することです。

このテーマは時代によって変わるものではありません。昔の人々も、現在の人々も、未来の人々も幸福を目指すでしょう。悩み苦しみのない安穏な生き方を目指すでしょう。

それは物の開発ではけっして得られないものです。幸福か不幸か、安穏か苦しみか、というのは精神的な問題です。ブッダは心の成長と開発の方法を教えたのです。

そういうわけで、ブッダの教えは残ったほうが人類の役に立つと思います。

興味がある人々に向けて、心の安穏に達するための方法を伝えることは、仏教徒の義務です。その仕事をする場合も、残るのは伝道師の業績ではなく、ブッダの業績なのです。ですから、仏教を教える人々も、自分の業績を残すことに拘泥してはいけないのです。世に残るのは、時間の経過によって錆びない、価値あるものです。

時計は進むもの。逆に回さない

●「持ち続けよう」は無意味

たいていの男性は、会社を辞めてしまうと、とたんに元気がなくなります。まさに「定年ショック」という感じです。

勤め人でいるときは、混雑した電車に乗って毎日、会社に行くことがつらかった。でも、行く必要がなくなると、あの混雑が懐かしい。

うんざりするほど長い会議も、社長の叱責《しっせき》も懐かしい。

懐かしいで済んでいればいいほうで、寂しくてうつになってしまう人もいます。

もう辞めた会社の名刺をいつまでも持っていたり、かつての部下に電話をかけてみたりと、いつまでも未練がましく振る舞っているのはどうしてなのでしょう。

定年退職したある60代の男性は、しょっちゅうゴルフクラブを磨いています。

そのゴルフクラブはとても高価なもので、在職中は、接待ゴルフのたびに活躍しました。

しかし、退職した今、もう出番はなくなりました。

だとしたら、活用してくれる誰かにあげてしまえばいいでしょう。それなのに、自分の手元に置いて磨いているのです。

彼がクラブを手放さないのは、「また、いつか声がかかるかも」と考えているからです。声がかかるのを期待しているからです。つまり、今も彼は「過去のように生きたい」わけです。

しかし、過去には戻れません。時計を逆に回そうとしてはいけません。時計というのは進むものです。

進む時計に従ったら、視線は未来に向かうはず。「自分にはもうこのクラブは必要ない」とわかるはずです。

たとえ、この先、誰かがゴルフに誘ってくれたとしても、彼を取り巻く状況は過去とは違っています。華々しい人間関係はないし、そもそも体力も落ちているから、そのクラブは使いこなせません。

そのときは、「最近はゴルフをしていないから、もうクラブは持ってないんだ」と、レンタルすればいいのです。そのほうが、ずっと自由でしょう。

●「取り戻そう」も勘違い

「健康を取り戻したい」という発想も、時計を逆に回そうとしているのと同義です。

病院に行って苦しい症状を軽減してもらったりして、病気の進行を遅らせる治療を受けることは大事ですが、「昔のように健康になりたい」なんて思ってはいけません。

年をとれば、脚力が弱って昔のようなスピードでは歩けなくなります。

ちょっと走れば、心臓がドキドキします。

視力も弱って、細かい文字が読めなくなります。

歯も悪くなって、嚙《か》めない食べ物が増えます。

これ、すべて自然の法則に沿ったことです。

自然の法則の例外ではない自分をじっくり観察してみれば、「なるほど、体力も筋力も内臓の機能も落ちているな」とわかります。

もう、スタスタ歩ける足も心臓もない。

しっかり働いた目玉も歯もない。

ならば、ないものに執着せず、さっぱり離れていきましょう。

「逃げたい逃げたい」と言っているものは、逃がしたほうが楽になります。

第2章　楽しい老い、安穏な死

人生は老いるプログラム

●「死にたくない病」にかかっていませんか

物事を客観的に正しく理解して生活することができるなら、人生のいかなる場面においても幸福に過ごせるはずです。とはいえ、「いかなる場面においても幸福」というフレーズを読んだだけでも、「そんなの嘘に決まっている」と感じるかもしれません。ここで「幸福に生きる免許」という新たな言葉を提案します。

理解するために車の免許のことを考えてみましょう。

たとえば、中学生が車を運転したら、おそらく10分以内には事故を起こして自分にも周りにも迷惑をかけてしまいます。でも、免許を持っている人、運転経験の豊富な人が運転したら心配ないでしょう。

生きることも、運転のように「生きる免許」が必要ですが、みんな無免許で生きることに頑張っているのです。生きる免許があるならば、いかなる場面においても幸福で楽しく安全に気楽に生きられるのに。

この本のテーマは、人生の第３ステージにおける運転免許の取り方を紹介することにあるとも言えます。

70歳くらいになると、体は多かれ少なかれ老いています。体は70年も使った機械なので、修理をしながら、手当てをしながら残りの人生を生きることになります。

そのときに、「死にたくない病」にかかると、せっかくの楽しい人生が悩み苦しみに沈んでしまいます。「死にたくない」「死ぬのは怖い」という悩みで頭が占領されて、人生そのものがおかしくなってしまうのです。

ではここで、人がどのようにして「死にたくない病」にかかるのかを理解しておきましょう。

体力が落ちてしまったり、体の機能が衰えていくと、それなりのサポートが必要になります。補助食品やサプリメントなどを使う人もいます。病院に行って、壊れかけている体の部品を修理修復してもらうことも増えるでしょう。

ここまではノーマルです。この段階では「死にたくない病」にはかかっていません。ところが、病院で治療を受ける際に、「元通りに戻りたい」という希望を持ってしまうと危険です。あらゆる存在は、何ひとつ元通りにはならないからです。

あなたの体の臓器のどこかに問題があって、手術することになったとしましょう。それで病気は治ります。しかし、体は元通りに戻りません。

あるいは、補助食品やサプリメントを使うことで、体力の衰えや消化機能の低下などを補えば、ある程度まで問題は解決します。しかし、若い頃の体には絶対に戻らないのです。

しかしながら、世の中には、補助食品やサプリメントをつくる会社がたくさんあります。その商品をコマーシャルで人々に紹介していくわけですが、コマーシャルというのは、極限に面白くて人の興味をひきつける作品でなくてはなりません。

そこで、サプリメントを飲んで70歳のおばあちゃんが20歳の女性と肩を並べてジョギングする映像が流れます。作品だからどうにでもなることです。

でも、現実世界では、70歳のおばあちゃんがサプリメントをキロ単位で飲んでも20歳の女性と体力競争はできません。

こうしたコマーシャルを見て、サプリメントを飲んで適当な運動をすればいつだって若々しくいられるのではないか、体を元の状態に戻すことができるのではないかという誤解を抱くのは、あまりにも愚かしいことです。

●何ひとつ元に戻せない

「若さは戻らない」と感じ、「このままでは死ぬのではないか」という恐怖感が起きたとき、人は「死にたくない病」にかかります。

そこで、ありとあらゆる健康食品を探して食べたり、補助食品やサプリメントを手当たりしだい使ったり、得体の知れない迷信的な力に依存したり、インチキ宗教家の餌食《えじき》になったりして、周りからバカにされたりするはめになります。

それどころか、「死にたくない病」にかかった人々は、社会問題まで引き起こしかねません。だからこそ、人生の第3ステージに入っても、初心者マークがついていることを忘れてはならないのです。

命であろうが宇宙であろうが、何ひとつ元に戻せないと理解しなくてはいけません。昨日昇った太陽と、今日昇っている太陽は、同じではありません。24時間経てば、太陽の膨大な量のエネルギーが消えています。太陽さえもずっと衰えており、そのエネルギーを元に戻すことはできません。

なのに、なぜ人間は頭がおかしくなってしまったかのように、体力も能力も財力もその他のなんでもかんでも元に戻そうとするのでしょうか。

そのような行為こそが、人間の苦しみの原因。老いが苦しくなる原因です。

絶対に叶《かな》わない希望を目指すのではなく、頑張るならば、努力するならば、手に入るものを目指したほうがいいのではないでしょうか。

●自然の法則で生きましょう

仏教の教えは、フワフワとした慰めを言うような曖昧《あいまい》なものではありません。大変に頭のいい知識人であるブッダが、より良く生きるための智恵を、科学的見地から私たちに与えてくれているのが仏教です。

そこには「生老病死」という重要な概念があり、生きること、老いること、病むこと、死ぬことの4つは、流れるように続いていると教えています。

どんな生命体でも、誕生したら1秒ごとに老いていき、最後は必ず死にます。「Living is aging（生きるとは老いること）」。それが、自然の法則に沿った人生のプログラムなのです。

赤ちゃんという新しい命が生まれると、みんな喜びます。でも、生まれた瞬間から赤ちゃんも死に向かいます。「まだ生まれたばかりだから死とは無縁だ」なんていうことはありません。それでも、お祝いしますね。いずれ死ぬ命が誕生したことを、私たちは喜ぶのです。

だから、年齢を重ねて精神や体の働きが悪くなることや、病気をすることを嫌がっても仕方がありません。喜ぶこともできません。ですから、気にしないことにしましょう。それこそ、人生のプログラムを正しく歩んでいるという証明です。

今、「若返り」とか「アンチエイジング」という言葉が、よく使われています。

生老病死のプログラムに乗っている私たちが「若返り」を目指すなら、それはプログラムから降りるということ、よく生きるのを諦《あきら》めるということです。

「アンチ」とはなにかに逆らうという意味ですが、まさに自然の法則に逆らっているわけです。

自然の一部として生まれた人間が、自然の法則に逆らうなどという愚かしいことはやめて、ありのままの自分を生きてください。

病むことも楽しみましょう

●長生きよりも大切なこと

ここ数百年で、人類の寿命はぐんと延びました。昔は70歳まで生きられる人は希《まれ》でしたが、今は１００歳も夢ではありません。

長生きできるようになった現代人は「昔の人は短命でかわいそう」と思うかもしれませんが、昔の人は昔の人の寿命を立派に生きたのです。

もちろん、平均寿命が延びるのは悪いことではありません。しかし、「長生きにこそ価値がある」というのは違います。

長かろうと短かろうと、私たちは必ず死を迎えます。大事なのは、そういう人生のプログラムをどうこなしているかでしょう。

たとえ、60歳までの命でも、老いることも病むこともしっかりと我が目で観察し、付き合い、受け入れて死んでいったなら、その人は見事に自分の人生の監督（七六ページ参照）を務めたと言えます。

一方で、老いるのは嫌だ、病気も嫌だ、死ぬのは嫌だと、自然の法則に逆らい続けて90歳まで生きていたら不幸なことです。だって、その人は叶わない望みを持ったまま、大事な日々をムダにしているのですから。

そもそも、叶わない望みを持つことほど非科学的なことはありません。年齢を重ねたなら、それだけ知性も育っているはずです。自分の人生について、より知的な見方をしていきましょう。

●医学にも限界がある

仏教は科学的ですから、医学の進歩を否定するようなことはしません。

私も、70歳を過ぎた頃から、ずいぶん病院のお世話になっています。

病院の待合室にいると、多くの人は暗い顔をしています。「悪い病気だったらどうしよう」などと、ネガティブに考えているのでしょう。

でも、私にとって病院は面白いところです。人生のプログラムである「老いる」「病む」といったことを、医学的な見地から説明してもらえるからです。

たとえば、私の心臓は、コレステロールの影響を受け、年齢を追うごとに血管が狭くなっています。いわゆる動脈硬化ですね。

完全に詰まれば心筋《しんきん》梗塞《こうそく》を起こしてしまいますから、定期的に病院に行き、詰まり度合いを検査してもらいます。そして結果を見ながら、「まだ、半分も詰まっていないから手術するほどではないですね」などと自分の体について医者と話すのは、とても興味深いことです。

「薬で血液の流れを良くするのはどうでしょう」と自ら提案し、実際に薬を出してもらったこともあります。

こうして私は、病むことも、プログラムの一部として楽しんでいます。

そのために必要なのは、現実を科学的にとらえる態度でしょう。

いくら医学が進歩しても、手に負えない病気は存在し、限界はあります。

同様に、私たち一人ひとりにも限界があります。20歳には20歳の限界が、70歳には70歳の限界があります。70歳になってまで20歳と同じように動こうとするなど、愚かしさの極みです。

20歳をうらやむのではなく、70歳ならではの面白さを享受しましょう。20歳には、血管が詰まる経験なんてそうそうできないのですから。

止《や》められない病《やまい》

●「病気」は大切なファクター

仏教の「生老病死」の概念で言えば、病気は命を構成する大事なファクターのひとつです。生きるとは、生老病死の流れです。病が抜けてしまうと生きることはそこでストップします。

仏教の知識がない一般世界では、おそらく老病死は生の敵だと思っているかもしれません。しかし、生だけが命ではありません。生老病死が命です。病は俗世間では退治するべき敵ですが、仏教では命を構成する4つのファクターのひとつなので、俗世間と仏教では病の定義が少々変わります。

たとえば、脳細胞はもちろん、体中の細胞は酸素と栄養がなければ働きません。このこと自体が病気だと、仏教では考えます。

実際に、酸素を取り入れるための呼吸をやめたら死んでしまいます。食べることをやめても死にます。そこで私たちは、呼吸や食事という治療を、生まれた瞬間から自分でずっと行っているわけです。

排泄《はいせつ》も治療のひとつです。体に老廃物が溜《た》まると死んでしまうので、その治療として、便や尿を出しているわけです。だから、くしゃみひとつとっても、仏教では病気の管轄ということになります。

このように、生まれた瞬間から死ぬときまで、私たちはずっと病気を持ち続けています。ただ、呼吸や食事や排泄という治療を行いながら、死を避けているだけです。今70歳の人ならば、なんとか70年間、治療を行いながら死を避けてきたに過ぎません。

それが、いずれ避けられなくなる。とても単純な自然の法則で、生きることに、それほど執着する必要はありません。

●大事なのはゲームオーバーまでをどうするか

医学で定義する病は、仏教でいう生老病死と少々違います。体の臓器が正しく働かなかったり異常現象を起こしたり壊れたり、細菌など外からの攻撃を受けたりする場合、病と定義するのです。その場合は、何らかの治療方法があります。

肺炎を起こしてしまったとき、入院して抗生物質を点滴してもらうと多くが治ります。がんにかかっても、手術などの治療がうまくいけば治ります。

とはいっても、高齢者は肺炎をこじらせて死にやすいし、医者がどう頑張っても治せないがんもあります。

つまりは、どうにもならないことは、どうにもなりません。医者は病気を治してあげたいという強い気持ちで治療しているけれど、限界があります。老いることは止められないし、死ぬことは止められない。

もちろん、肺炎やがんにかかったら、医学の治療を受けるのは必要ですし、私もそうします。ただ、なにより大事なのは、一人ひとりが自分の「生老病死」をまっとうすることです。

医学のお世話になっているにしろ、そうでないにしろ、私たちは毎日毎日、呼吸や食事や排泄という治療を行って、死を避けています。しかし、必ずゲームオーバーとなります。

そのゲームオーバーの訪れが早いか遅いかについて、私たちができることは限られています。医学にもできることは限られています。

そこで、生きることは一種のゲームだと思えばいかがでしょうか。

生きるとは生老病死というはたらきであり、人は死を避けるというゲームをやっているのです。

死はけっして避けられない現実なので、避けても避けてもやがて死が訪れてゲームオーバーになります。このように、生きることがゲームなのだから、ゲームオーバーになるまで楽しくプレイすればよいでしょう。

悩んだり怒ったり嫉妬《しっと》したり、不安になったり怯《おび》えたりすると、ゲームは苦しくなります。楽しく落ち着いてご飯を食べるか、イライラしながら周りに文句を言いながら慌てて食事をとって、食事を戦争状態にするかは一人ひとりのやり方しだいです。

食事はわかりやすい例で、苦しんで食べることも、喜んで食べることも落ち着いて食べることも可能です。

楽しく生きるためには、なんの秘密もありません。なんの戦略方法もありません。神様が割り込んで特別扱いすることもありません。自分が落ち着いているか否かだけの話です。

生きることはゲームだから好きなモードを選んでください。楽しいモードか落ち着いたモードを推奨しますが、どんなモードを選ぶかは生きる本人の自由です。

自分の総合監督になりましょう

●自分を観察し理解しましょう

「こんなはずじゃない」

「どうして、もっとちゃんと動けないのかしら」

自分の体について「思い通りに行かない」と不満を抱いている人は、そもそも現実をわかっていないだけです。体のほうが真実で、思いのほうがおかしいのです。

そもそも、思いのほうに体を合わせるなんて無理なのですから、思い通りにならないのが嫌なら、なにも思わないことです。

人生最後のステージに入ったら、こんな現実離れした望みに振り回されていないで、もっと自分のことを正しく理解しましょう。

これからのあなたに必要なのは、自分自身の総合監督を務めることです。

「10年前のようには足が上がらないから、躓《つまず》かないようにしないと」

「これ以上食べてはダメ。胃が疲れてしまう」

「寂しい気持ちになりがちだけど、まあ、このくらいなら大丈夫だろう」

「さっきからイライラしているな。気をつけろ」

こうして、自分の体や心がどうなっているのかについて、正しく冷静に見極め、最良の一手を打てる優秀な監督になってください。

●支配されない監督でいること

あらゆるスポーツには監督がいますね。

野球でもサッカーでも、あるいは柔道のような個人競技でも、監督は一人ひとりの選手をよく観察し、どの場面でどう使うかを考えます。

「山田君は、肩の調子が悪そうだから今日は投げさせないでおこう」

「緊張が強いようだから、高橋さんは二番手に回ってもらおう」

こうして、能力が高い選手でも、怪我していたりして調子が悪いようなら休ませます。無理して使えば、負けてしまうだけでなく、その選手が壊れてしまいます。だから、観察力のない監督は最悪なのです。

あなたは、あなた自身の総合監督です。手や足、鼻や耳、さまざまな内臓という選手たちは、どんな調子でしょうか。とくに、キーパーソンである「心」という選手は好調でしょうか。

そうした、「自分チーム」のことだけをしっかりと監督すべきなのに、多くの人は、他人を監督し支配したがるか、他人に監督され支配されて生きていくかのどちらかでいます。テレビのコマーシャルを見て、「あれを食べたら体に良さそう」と健康食品を買っている人は、賢いつもりでもコマーシャルに洗脳されているだけ。名監督とはほど遠いところにいます。

70歳を過ぎれば、胃腸も若い頃のように動かないし、たくさんのエネルギーを消費しないから、食が細くなります。それなのに無理して健康食品をたくさんとったら、余計にお腹が張ってしまいます。

ダメな監督だから、自分に本当に必要なものがわからないのです。

あなたの総合監督は、あなたにしかできません。そのことを肝に銘じ、自分の大事な選手たちを、しっかりと見ていきましょう。

あなたは見放されません

●病気との向き合い方を間違える人

老衰を怖がる人はいないけれど、がんはみんな怖がりますね。同じ85歳で亡くなったケースでも、がんと指摘されると人はうろたえます。

うろたえるのは仕方ないとして、「なんで私が？」とショックを受けるのはどうしてでしょう。

二人に一人ががんにかかる時代に、「私に限って大丈夫なはず」と思っていたなら、どうかしています。自分の総合監督として、あまりにも能力が低すぎます。

そもそも、優秀な監督でいれば、重い病気にかかる前に、「心臓が疲れているかな」「胃のあたりがなにか訴えているな」ということに気づきます。

また、病気にかかってしまったとしても、そのときの自分に最適な治療を、自らの判断で選ぶこともできるでしょう。

たとえば、よくテレビに出ている高名な医者だから、あなたの病気を治せるわけではありません。ましてや、お金のかかる「特別な」治療だから、治せるわけではありません。

実際に、セレブな人脈を辿《たど》って怪しい治療を受け、病気を手遅れにしてしまった有名人がたくさんいるではありませんか。

●医者はあなたを見放しません

がんのような病気では、どうしても治らないということもあります。

自分も大変な治療に耐えて、医者もできる限りのことをしてくれたけれど、いい方向には行かなかった。そんなときに、「もう、治療法はありません」と緩和ケアをすすめられたりして、余命を告げられるのはつらいことでしょう。

なかには、「医者から見放された」と感じて、自暴自棄になってしまう人もいるようです。でも、それは違います。

医者は患者に対して、そのときにできるだけの力を尽くしてくれます。

自分にわからないことがあれば、別の科の医者を連れてきて相談もしてくれます。

それでも、治せないものは治せない。それが自然の法則です。

自然の法則は、ときにとても厳しいもので、幼い子どもが不治の病にかかったりもします。このときに、いくら親が「自分が代わってあげたい」と思っても叶いません。どれほど強い気持ちがあっても叶いません。動いている世界に、個人の気持ちは関係ないのです。

しかし、それはなにかに見放されたわけではなく、もともと生命とはそういうものだということです。

「もう、治療法はありません」と患者に伝えた医者も、優しく接してくれた看護師も、いずれ死んでいきます。

みんな同じように死んでいくことは確かですが、生きている間は、誰もができる限りのことをやっている。それが社会でしょう。

重い病にかかったときほど、自分の監督能力が問われます。

体が不調だからと、心まで暗くしたまま放置するのか。

心を正しく機能させて、残された日々を明るく過ごすか。
どちらを選ぶのも、あなた自身です。

機械の調子に合わせて運転しましょう

●ノーマルスピードで老いましょう

私は若い頃、とても脚力がありました。ほかの人と一緒に歩くと、スピードを合わせるのに苦労したほどです。

その私が、今は誰よりもノロノロ歩いています。先を行く人に、「ちょっと待ってよ」と言わねばなりません。

でも、それは当然のことですね。

今の私には、今の私にぴったりの肉体があります。

脚力だけでなく握力も視力も落ちてきたし、心臓の血管は狭くなってきたし、歯も弱くなりました。これらすべて、きわめてナチュラルな変化です。ナチュラルに変化できているというのは歓迎すべきことです。

仏教の「生老病死」の概念では、生きることはすなわち老いること。私たちが考えなくてはならないのは、「いかにノーマルスピードで老いるか」ということです。「どうすれば若さが保てるのか」ではありません。

私が「若い人に負けるものか」とばかりムキになって歩いたら、かえって周囲を困惑させるだけでしょう。

80歳の人が、いつも食べている健康食品の営業マンから「さすがですね。40歳の肉体ですよ」と言われて喜んでいたら恥ずかしい。それは、もっと売るためのお世辞に乗せられているに過ぎません。

このように、ノーマルスピードで老いることに抵抗していると、いろいろなものを見失います。すなわち、自分の監督でいることに完全に失敗します。

●いい道具には頼りましょう

もう若くはないのだと自覚していても、急ぐ用事があるときなど、私はつい、早足で歩こうとしてしまいます。すると、心臓はドキドキし、めまいがして倒れそうになります。そういうときは、しばらくじっとしていると落ち着いてきます。その後は、ゆっくりゆっくり歩いて、体がうまく動いてくれるように調整します。

車もそうでしょう。新車なら、多少、乱暴な運転をしてもびくともしません。しかし、古い車を思い切り走らせようとすると、エンストすることがあります。

そして、そんなポンコツ車でも、そーっと運転することで、ちゃんと目的地まで走ってくれます。

言ってみれば、私たちの体は機械のようなもの。新品の頃はしっかり動くけれど、古くなればあちこちの部品が故障します。そのときには、修理をしながらうまく使えばいいのです。

故障した部品を補助する道具も大いに使いましょう。

メガネをかけたり、杖《つえ》を突いたり、車椅子に頼ってもいいでしょう。

「俺はまだ老眼鏡なんてかけたくない」

「杖を突くのは年寄り臭くて嫌だわ」

自分の現実を見極めず、こんなことを言っているのは、非科学的でとてもかっこ悪い態度です。

自分がどこでどうなるかなんて管轄外

●身に起きることはコントロールできません

自分の身に起きることはコントロールできない。私自身、それを痛感したことがあります。

用事をひとつ終え、東京・幡ケ谷《はたがや》の家に帰る途中のことでした。混雑した新宿《しんじゅく》駅で、私は突然、体調が悪くなりました。腹部に猛烈な痛みが走り、動けなくなったのです。

「まずい。このまま倒れてしまうかも。でも、それだけは避けたい」

私はいつも通りオレンジ色の袈裟《けさ》を身につけており、しかも日本人から見たら外国人です。倒れたらかなり目立つでしょう。

そこで、壁に寄りかかるようにして痛みが去るのを待っていました。家までは新宿駅から20分くらいですから、少し痛みが引けばなんとかなると思いました。とにかく、倒れるのだけは避けたかったのです。

こうして耐えていたら、気づいたときには気分爽快《そうかい》になりました。体が温かく、ぐっすり眠った後のようです。「あれ、寝てたんだっけ」と目を開けてみると、横になった私をたくさんの人が見下ろしているではありませんか。

どうやら、どうしても避けたいと思っていたことが起きてしまったのです。

心配してくれる人も多かったのですが、気分は回復していたので、電車に乗って家まで帰り着きました。あのまま立ち上がることができなかったら、担架に乗せられ救急車で病院に運ばれて入院していたことでしょう。

あるいは、腹痛ではなく心臓発作だったら、そのまま死んでいたかもしれません。

このように、「それだけは嫌だ」と思ったことでも、起きてしまうのです。私たちは、自分の身に起きることをコントロールすることはできません。

●死は自分の管轄外

当然ながら、死もコントロールできません。

今は高齢者のひとり暮らしも増えており、そういう人にとって、急病に襲われたときの不安は大きいようです。

「救急車も呼べずに、ひとりで死んでしまったらどうしよう」

「出先で倒れて、身元もわからないまま死んでしまったらどうしよう」

さて、どうなるんでしょうか。時間はかかっても、いずれ誰かが警察に届け出て、なんとかしてくれるでしょう。

いずれにしても、あなたが死んでしまった後のことは、あなたの管轄ではありませんから、心配には及びません。

それに、私が新宿駅で倒れてしまったように、想定外の事態が起きてしまうのですから、心配していても意味がありません。

もちろん、監督としていろいろシミュレーションしておくのはいいことです。

たとえば、猛暑の中を歩いているときに、「このまま無理をすれば、熱中症で倒れてしまうかも」とシミュレーションすれば、的確な予防ができるでしょう。

階段を下っているときに、「誰かとぶつかったら転がって頭を打ってしまうかも」とシミュレーションすれば、より注意深く行動するでしょう。

これは、無用な心配ではなく、必要な監督業務です。

あなたの体は誰のもの？

●あなたは「いる」のか

ある子どもが近所の空き家で遊んでいたら、年長のお兄ちゃんから「奥の部屋にはお化けがいるんだよ」と脅かされました。

その子は、怖くて奥の部屋の襖《ふすま》はずっと開けることができませんでした。お化けがいるからです。

そして、大人になって襖を開けてみたら、お化けはいませんでした。長い間、騙《だま》されていたわけです。

たしかに目に見える実体としてのお化けはいないのだけれど、この子の中では、大人になるまでずっとお化けはいたわけです。

私たちの存在も同じようなもので、「私がいる」とラベルを貼っているのは、自分自身なのです。

そもそも、あなたの体は、どこまであなたのものなのでしょうか。

お腹が痛くなったときに、「この痛み、早く止まってほしい」と望んでも止まりません。泣きそうになったときに、「泣いてはならない」という強い意志があっても涙はこぼれてきます。

風で帽子が飛んでしまったときに、手でうまくキャッチできずになくしてしまうこともあるでしょう。

つまり、腸も目も手も、あなたの思うようには動かない。あなたの体は、あなたの言う通りには働いてくれません。ということは、あなたの体はあなたのものであるようでいて、そうではないのです。

●所有しているという錯覚

所有を意識するから執着が生まれます。

「私の財布」であれば、なんとしても守りたいでしょう。落としたり、取られたりしたら悔しくてたまりません。

しかし、人の手に渡った財布は、その財布自体も中のお金も、他人が使えます。他人にも使うことが可能だから、本質的には個人の所有物ではないのです。

私たちの肉体も同様です。

皮膚や目や内臓など、死んだらほとんどリサイクルできます。ほかの人が使えるのだから、肉体はその人のものではありません。でも、ほとんどのケースでリサイクルされず、燃やして灰にしてお墓に入れられます。

そのときに、遺族はこんなことを言います。

「献体や臓器提供の意義は認めるけれど、愛する夫の体が切り刻まれたりするのは嫌です。骨にして我が家に持ち帰りたい」

でも、それは夫の体ではありません。ましてや、亡くなった人の家族のものでもありません。ただ、「夫の体がそこにある」と、ラベルを貼っているだけです。

だから、体の健康にこだわるのはほどほどにしたほうがいいのです。

みんないずれ死に、自分のものではなかった体から離れていきます。その体に執着するのはやめましょう。

配偶者との別れが来たら新しい生き方を

●落ち込むのは2週間まで

年をとってくると、自分のことだけでなく、長年連れ添った配偶者の死を恐れる人も増えてきます。ひとり残されたらどれほど寂しいか、考えただけで気が滅《め》入《い》ってしまうというのです。

実際に、配偶者を亡くして喪失感に苦しんでいる人もいます。

まず、はっきりしているのは、人は必ず死ぬということです。一緒に事故に遭ったなどという例外を除き、夫婦のどちらかが先に逝くのは当たり前で、それを止めることなど絶対にできません。

とはいえ、悲しい気持ちも止められませんね。それまでいつも一緒にいた人が、ある日を境にいなくなれば、心にぽっかり穴が空いてしまうのはわかります。

だから、落ち込むのは仕方のないことだけれど、その期間には限度があります。落ち込むのは２週間までにしなさいと、お釈迦様は教えています。

その２週間で、落ち込みながらも「相手は消えた」「自分だけ残っている」という事実を脳にインプットし、ひとりで生活するためのプログラムをつくるのです。

●落ち込んでいる自分を監督する

ひとりで生きるプログラムをつくるには、自分を監督していくことが大事です。

たとえば、配偶者を亡くして、ご飯を食べる気にもならないというとき。

同様に、お風呂《ふろ》に入るのも、掃除するのも億劫《おっくう》なとき。

それはそれでいいのですが、そういうときに、ただ悲しみの中に閉じこもっていないで、自分を客観的に観察してみましょう。

「悲しくて食欲がわかないというだけでなく、これまでふたり分つくっていたから、ひとり分なんて張り合いがないのね」

「なんでも女房がやってくれていたとわかって、でも、感謝する相手がもういないことがなおさらつらいんだな」

こうして、落ち込みながらも自分を観察して2週間くらいすると、「いくらなんでも、もう少しちゃんとしたものを食べないとまずいな」と感じ、なんとかひとり分のご飯をつくるようになります。

「いくらなんでも、そろそろ風呂に入らないと」とお風呂をわかしたりして、「いくらなんでも、客間だけは片付けないと」と動き始めます。

このとき、ひとりで暮らすプログラムがじわじわと脳に入っています。少しずつそれに慣れていきましょう。

繰り返しますが、必ず配偶者の一方が先に死にます。どんなに落ち込んでもその事実は覆せないのですから、残されたほうはひとりで暮らしていくことを楽しまなければなりません。

もっとも、なかには「夫が亡くなってスッキリした」などというケースもあるでしょう。しかし、この場合、夫が亡くなるまでのその人の人生はムダだったということになります。

仲が良かったから悲しくてたまらないというのは、むしろ幸せなこと。２週間落ち込んで、新しいプログラムを構築しましょう。

夫婦はお互いの死について話し合う

●必ずどちらかが先に死にます

結婚生活が50年を超えたある女性は、日頃から「夫より先に死にたい」と思っていました。そうすれば、夫を亡くして悲しい思いをすることもないし、家の処分など煩わしいことは夫にまかせておけるからです。

そして、ある日「私はあなたより先に死なせてもらいますから」と宣言しました。すると、夫がそれまでやったこともないゴミ出しをするようになったそうです。夫としても、妻に先立たれてひとり暮らしをするのは嫌だから、いきなり妻を大事にし始めたのです。

妻の一言は、夫がそれまで想像したこともなかった「妻が先に死んでしまうかも」という可能性について、自分事として考える機会を与えたことになります。

これはとてもいいことです。

この夫婦の場合、妻も夫も「自分が残されるのは嫌だから先に死にたい」と思っているわけですが、どちらの望みが叶うかはわかりません。わかっているのは、一方が先に死に、一方が残されるということです。

●死をシミュレーションしましょう

配偶者が死んで、いつまでもショックから立ち直れない人々の相談を受けたことがあります。彼らは「配偶者がずっと自分のそばにいて自分を守ってくれる」という錯覚を抱いたまま生きていました。そのため、配偶者が亡くなったら、自分ひとりでどう生きるかわからなくなってしまったのです。

そこで、提案です。夫婦がともに高齢ならば、死は間近にせまっています。勇気を出してそれを認めましょう。

わからないのは、どちらが先に逝くのかです。そこでシミュレーションします。自分が先になると仮定して、相手に伝えるのです。相手に、「ひとりで生活できるように心構えしておきなさい」「ひとりで生活できるように準備をしておきなさい」と伝えましょう。

次に、相手が先に逝ったらどうするのか、というシミュレーションをします。自分自身がどのように人生の残りをひとり暮らしできるのか、シミュレーションと必要な準備をしておきましょう。

航空会社では、乗務員スタッフにハザードトレーニング（緊急保安訓練）を受けさせます。それは、学校で行う避難訓練と桁《けた》違いの緊迫感で行われます。飛行中、事故が起きたら乗客の命を守らなくてはいけない。離陸した時点で、墜落する恐れと背中合わせです。確実に死ぬ恐れがあるからこそ、交通機関の中で事故が極めて少ないのは旅客機になっているのです。

生きることも飛行することと似ています。ただし、人生の場合は飛行機と違って、必ず墜落して終わります。人は必ず死ぬ。しかし、それがいつどのように起こるのかを明確に知ることはできません。だから、自分の死と配偶者の死を真剣にシミュレーションしてハザードトレーニングも考えたほうがよいのです。

このシミュレーションで期待する結果は、死を避けることではありません。配偶者と死別しても冷静に自分の人生の残りを安穏に過ごすことです。

配偶者が死んで、いつまでもショックから立ち直れないのは、ちゃんとシミュレーションができていないからです。心のどこかで「死ぬわけがないだろう」と思っているから、いざ本当に死なれてしまうと、どうしていいかわからなくなるのです。

しかし、「死ぬわけがない」なんていう思い込みこそ、ありえない話です。

来るか来ないかわからない地震について人は訓練するのに、なぜ、絶対に来るとわかっている配偶者の死について、訓練をしないのでしょう。

老夫婦と言われるようになったら、どちらか一方が死んだときのことを、しょっちゅう話し合っておきましょう。

それを不幸な話題と考えてしまうのは、心の病気です。死について夫婦で一緒に考えるのは、幸せな作業です。

ふたりでいるときから、「どっちが先に逝くんだろうね」と普段からシミュレーションしておきましょう。

妻は夫に、「私が先に死んだら、あなたは自分のことは自分でやるしかないのよ」と言ってみましょう。そして、家事を教えてあげましょう。

夫が偉そうな態度をとったら、「そんなことでは、老人ホームで嫌われてしまうわよ」と言ってやりましょう。

夫のほうも、自分が管理してきた書類などがあったら、妻がわかるように共有し、どちらが先に死んでも大丈夫なようにしておきましょう。

そもそも、妻が身の回りのことをなんでもやってくれるのが当然だと思っていたら、その夫はおかしいし、ずっと夫のそばにいて世話を焼くのが当然だと思っていたら、その妻はおかしいのです。

ずっと一緒などということはありえないのだから、配偶者亡き後、ひとりで生きるプログラムづくりの準備を、お互いにしておきましょう。

第3章

70歳からの「心を育てる仕事」

もっと怖い心のがん

●心のがんは制御不能

多くの場合、人は性能の良い体を持っています。心臓も腎臓《じんぞう》も肝臓も肺も……だいたいの臓器は、うまくメンテナンスしてやれば生まれてから死ぬまで使用することができます。

たとえ、どこかの臓器にがんができたとしても、今は手術や薬物治療でうまくコントロールできるケースが増えています。

だから、体のがんはそんなに心配することはありません。

問題は、心のがんです。人は体のがんより先に心のがんにかかります。そして、心のがんと無縁の人などいません。

怒り、憎しみ、恨み、嫉妬《しっと》、落ち込み……こうした感情は、持っていても少しも幸せになりません。それどころか、がんのごとくどんどん増殖し、自己破壊プログラムが起きるのです。

たとえば、嫉妬や恨みを抱いていて、あなたは楽しいでしょうか。

「Aさんなんて、たいした実力はないのよ」

「Bさんだけは許せない」

こんなふうに言ってみても、嫉妬された相手、恨まれた相手は痛くも痒《かゆ》くもありません。むしろ、周囲から疎まれて、ひとりぼっちになるのはあなたです。

あるいは、Cさんに怒っているとき、人はその怒りについてほかの人たちに話します。本人は、その人たちを自分の味方につけているつもりかもしれないけれど、聞いているほうは、「この人には気をつけなければ」と離れていきます。

たまに親切な人がいて、「まあ、そんなに怒るなよ」といさめてあげると、今度はその人にまで怒りを向けます。まさに、制御不能のがんなのです。

●心のがんは自分で治す

落ち込みも、重度の心のがんです。

膝《ひざ》の痛みを我慢してよちよち歩いているあなたの横を、若者がささっと走り抜けていけば、「うらやましい。俺にもああいう時代があったのに」と思うでしょう。

孫や子どもたちが、あなたにはわからない流行《はやり》言葉で楽しそうに話しているのを見れば、孤独を感じてしまうかもしれません。

こうした思いは、心に入り込んだ細菌です。

ちょっと入り込んだ段階でやっつけられたらいいのですが、たいてい、どんどん増殖させてしまいます。

体のがんも心のがんもあなたの中で生まれるものですが、心のがんは体のがん以上に増殖力が強く、どこまでも勝手に膨らんでしまいます。

人は、体のがんはなんとしても治したいと思うのに、心のがんは放置しています。しかし、それは逆です。

体のがんは、治るものも治らないものもあります。それは、あなたにはどうしようもないことです。

一方で、心のがんの治療者は、あなた自身しかいませんし、あなたしだいで治せます。
あなたが今すぐ取り組むべきは、心のがんの治療です。

心のがんの特効薬を知りましょう

●心に年齢はありません

70歳という年齢が示しているのは、その人の体が70年間使われてきたということです。3歳の幼児なら、その体はまだ3年間しか使われていません。

このように、体には年齢がありますが、心にはありません。心に「生老病死」の概念は関係ないのです。

心は「生じて、滅して、生じて、滅して……」と、ものすごいスピードで生滅変化しています。10代の若者も、80歳の老人もそれは同じです。

　だから、若い人でも心のがんを悪化させるし、経験を積んだ高齢者だからといって心が整っているというわけでもありません。

　年齢を重ねれば人生というものがわかってきて、心穏やかに生きられるというのは幻想。実際に、「切れる老人」があちこちで話題になっているではありませんか。

　コンビニの店員の態度が悪い。

　道路でしゃべっている学生がうるさい。

　切れる老人の多くが、若者や楽しそうにしている人に対して怒っています。

　彼らは、心ががんに侵されているから、若さや人の幸せに対する妬《ねた》みでいっぱいになっているのです。

●すべての人は家族なのです

　心のがんを治すための特効薬は、慈悲の気持ちです。慈悲の気持ちは、もともとあるものではなく、自分の中で育てていくものです。

　そして、慈悲の気持ちを育てるのは、日頃からのシミュレーションです。

　たとえば、自分の子どもと同年代の子どもを見たら、みんな自分の子どもだと思ってみましょう。自分の親と同じ年代の人を見たら、躊躇《ちゅうちょ》なく自分の親だと思ってみましょう。

そうすれば、みんな家族です。

日本では、知らない人に対して「気をつけて、お母ちゃん」「お父さん、なに探しているの」などと話しかけたりすることがありますね。

私の母国では、祖父、祖母、父、母、兄、姉、弟、妹すべての表現を、他人に対して使います。

これらは、とても美しい呼びかけなのです。その一言が、あたかも本当の親子のような親近感を生み出す大きなパワーを持っています。

こうした呼びかけは、実際に声に出さなくてもかまいません。

「お姉ちゃん、おしゃれだね」

「お兄ちゃんたち、元気でいいね」

心の中で話しかけてみるだけで、愛《いと》しい気持ちになるでしょう。

あなたには理解できない変な服装をしている若者も、粋《いき》がって騒いでいる若者も、みんな可愛く感じられ「怪我するなよ、幸せになれよ」と思えます。

逆に、みんな他人だと思ったら、みんなから見たあなたも他人。「うるさくてバカな奴らだ」と嫌悪していたら、同じように嫌悪されます。
切れる老人がどんどん孤独になっていくのは、当たり前なのです。

「頑張る」が自分を苦しめる

●なにに「頑張っている」のですか？

「頑張っているのだけれどうまくいかない」

「頑張っているのに評価されない」

多くの人が、こうした悩みを抱えています。

あるいは、逆に「もっと頑張らなければいけない」とか、「頑張らなかったから失敗したんだ」などと、自分を責めている人もいます。

でも、「頑張る」ってなんでしょう？

それって、本当に大事なことですか？

あなたがサラリーマンだったなら、どんなふうに頑張ったでしょう。

毎朝、ぎゅうぎゅうの満員電車に乗って会社まで行きました。

そして、会議やら書類作成やらがあって、家に帰ればクタクタになりました。

上司には、いつも難しい注文を出され、できなければ叱責《しつせき》されました。

ときに、不本意な人事異動もありました。

それでも、ずっと仕事を続けてきたことを「頑張った」と言っているのなら、その結果は虚《むな》しいですね。定年退職した後に、いったい、どうなったでしょうか。

家庭の主婦の場合はどうでしょう。

一家で一番早起きして、朝ご飯をつくって家族に食べさせ見送りました。

日中は、掃除や洗濯、買い物、地域活動などやることがいっぱい。

家計のやりくりにはとても苦労して、自分がパートに出ることもありました。

こうして「頑張ってきた」けれど、子どもたちが独立してしまうと、もうそれも必要なくなります。

つまり、男も女も、自分では頑張ったと思っていることに対し、たいした評価は得られないのです。

●頑張るべきはほかにあります

評価されていないということは、実は頑張っていないということです。あなたが頑張るべきことは、ほかにあります。すなわち、自分が自分の監督でいることです。

とくに、心をしっかり監督してください。

怒らないように、欲張らないように、落ち込まないように……自分の感情と戦うことを頑張ったなら、そのとき初めて「頑張った」と言えるのです。私たちの人生の本質はそこにあります。

もちろん、会社で仕事をするのも、家で家事をこなすのも、とても大事なことです。そこに無責任でいていいという意味ではありません。

70歳前後の人なら、バブル経済とその崩壊を経験しており、いろいろ浮き沈みがあって大変だったでしょう。70歳まで生きてきた途中には、つらい体験もたくさんあったでしょう。

でも、それで「私の人生頑張った」ではダメなのです。それは、洗脳社会の中でもがいてきたということであり、頑張ったのではありません。

本当に頑張れるのは、社会のしがらみから抜け出て、自分を監督する重要性に気づいたとき。心を清らかにするステージに立ったとき。つまり、これからです。

不幸な夫婦は離婚しても不幸です

●熟年離婚を考えている人へ

定年を間近に控えた男性の多くが、「退職したら妻とゆっくり旅行でもしたい」と考えています。ところが、実際に妻に提案してみると、喜んでくれるどころか拒否されてショックを受けるケースがままあります。

妻の言い分は、「これまで外で好き放題していたくせに、いきなり仲良くしようなんて無理」というところ。好きで結婚したはずが、いつの間にか、気持ちは大きくすれ違っていたわけです。

それでも、なんとか添い遂げる夫婦もいる一方で、熟年離婚も増えています。もう愛情がなくなった相手と我慢して一緒にいるくらいなら、少し大変な思いをしても残りの人生を幸せに暮らしたいと願っているのでしょう。

では、離婚すれば幸せになるのでしょうか。答えはＮＯです。一緒にいても苦しいし、別れたら別れたで形が変わった苦しみが降ってきます。なぜなら、本人の心が不幸だからです。

問題は、相手と一緒にいるかどうかではなく、本人の心がどうなっているかです。心が成長していなければ、夫婦でいようと別れようと不幸なままです。

●友だちのような夫婦が一番

結婚というのは、男と女が一緒になることです。男と女が一緒になることとは、科学的に考えると肉体の関係であり、交尾して子孫をもうけることです。

面白いことに、ほとんどの動物は同じ相手と繰り返し交尾しません。メスはより強い遺伝子を持ったオスを探して交尾し、そこでその関係は終わります。

人間も動物ですから、かつてはそうやって生きてきました。強い男には多くの女がつき、その子どもを残してきました。

やがて道徳という概念が生まれ、基本的にひとりの男とひとりの女が対になることがよしとされるようになり、結婚制度が浸透していきました。

しかしながら、こうした制度と人間の本質は別物です。だから、心を育てていかないと、「結婚した夫婦だから」という理由だけで、何十年も仲良くいられるわけがないのです。

結婚してしばらくの間は「この人しかいない」と思っていますが、そんな熱はすぐに冷めます。中年以降の夫婦ともなれば、子孫を残すという意味では、お互いとっくに「お役御免」。もう、一緒にいる必要はありません。

結婚生活では、そういう期間のほうがはるかに長いのです。

だから、結婚については、「男と女が愛し合って一緒になる」というよりも、「男と女が仲良く暮らす」ということを主眼に考えたほうがいいでしょう。つまりは、一生の友だちでいられるかどうかです。

悩みも苦しみも楽しみも財産も分かち合って、友だちのように仲良く暮らすにはどうしたらいいでしょう。お互いに、友だちとして相手を尊重し合える心を育てることが必須《ひっす》です。

それを「愛していると言っていたくせに」「以前はあんなに素直だったのに」などと、過去のデータや一時期の思い込みでしかないデータを持ち出して相手を責めていても、幸せになれるはずがありません。

「自信がない」と認めよう

●なぜ占い師が人気なのか

繁華街のビルの一角に行列ができていて、なにか美味《おい》しいものでも売っているのかと思ったら、手相を見る占い師がいました。

占いには、タロットカード、姓名判断などいろいろな種類がありますが、人気のある占い師を見ていると、その理由は「よく当たるから」ではないことがわかります。彼らは、お客さんに自信をつけさせるのがうまいのです。

「大丈夫よ、きっとうまくいくわよ」

「この数か月を超えたら、ツキが回ってきますよ」

本当は占い師にも先のことなどわからないのだけれど、ちょっと励ましてあげることで、お客さんは喜んで帰って行きます。

人々が占い師に期待しているのは、自分にはわからない未来を断言してくれること。でも、それをやっている占い師もまた、先のことはわかりません。

つまり、誰も未来などわからないし、わからないから自信が持てない。これが、世界の現実です。

自信がないときに、「もっと自信を持とう」としてもそれは無理です。「俺は強いんだ」「負けるもんか」と我を張るのも、あまりいい方法ではありません。

人が我を張って傲慢《ごうまん》な態度をとるのは、ほかの人を軽視することで自分の立場がしっかりするだろうという勘違いがあるからです。本当は自信がないのに、空自信をつくっているわけです。

●失敗は気にしないこと

大事なのは、「自信がないよ」と認めることです。

この新商品が売れるかどうか自信がない。

買った株が上がるかどうか自信がない。

年金でやりくりできるかどうか自信がない。

先のことが読めないのだから、自信がないのは当たり前。自信がないと認めた上で、自分なりに精一杯やっていけばいいのです。

それで失敗したとしても、気にすることはありません。

たとえば、自信がないなりにあれこれ努力して、あなたが念願の飲食店を開業したとしましょう。

どんな年代のお客さんが来て、どんなものを喜んで食べてくれるか考えて、毎日せっせと料理をつくっていたら、ようやく経営が軌道に乗ってきました。ところが、新型コロナが流行って、赤字のまま閉店することになりました。

これは、あなたのせいではないでしょう。

私たちは、大地震に襲われることも、事故に巻き込まれてしまうこともあります。そうした仕方のないことによって失敗したときには、「その原因は私ではない」としっかり認識することも大事です。

それを「私がダメだから失敗したのだ」と落ち込んでしまうと、たちまち心のがんが増殖します。

共依存は幸福の保証にならない

●「○○ガチャ」という発想の甘え

生まれてきた子どもは親を選べないということを指す「親ガチャ」という言葉が、若者たちを中心に広く浸透しています。主に、自分が置かれた状況に不満がある人が、この言葉を使います。

「もっとお金持ちの親のところに生まれたかった」
「親にコネがないから就職で苦労するんだ」
「顔やスタイルが良くないのは親に似たからだ」

この世に親を選んで生まれてくる人などいないのに、こんなバカげたことを口にするのは、もとはと言えば自分に自信がないのです。その自信のなさを、人のせいにしているだけです。

彼らは、仕事がうまくいかなければ「上司ガチャ」「部下ガチャ」「取引先ガチャ」を持ち出して、全部、人のせいにするのでしょう。

言うまでもなく、誰の人生もその本人だけのものです。どんなことであっても、自分で引き受けていくしかありません。人のせいにしてみたところで、ひとつの解決も得られません。

だから、もし自分の子どもがそんなことを言ったとしても、放置しておけばいいでしょう。とくに、成人した子どもに構いすぎてはいけません。

●毒親になっていませんか

今は、子どもの人生に親が関わりすぎる傾向があり、親がいつまでも世話を焼いているために、子どもが自立できないケースが増えています。

こうした親は「子どものために」と言いながら、実は自分のためにやっています。「私がいなければ、この子はなにもできない」という状況をつくって、自分を肯定したいだけなのです。

つまりは、共依存に陥っているわけです。

共依存をつくりだすのは、子どもではなく、もっぱら親です。親が子離れできていないのが原因です。

実際に、いくつになっても子離れできない親がいて、たとえば、80歳の母親が、50歳の娘の生活態度についてあれこれ指図をすることさえあります。

娘もそれを喜んでいるなら見事な共依存ですし、迷惑しているときには「毒親」と呼んだりします。

それにしても、なぜ、高齢者と言われる年代になってまで、子どもを支配しようとするのでしょうか。「私がいなくちゃダメね」と言わずにいられないのでしょうか。

そこには、孤独に対する恐れがあるのだと思います。老いていく自分を、ひとりで受け止める寂しさに耐えられないのでしょう。

しかし、人は本質的に孤独です。いかなる命も、ひとりで生まれ、ひとりで死んでいくのです。孤独を避けようとしても、それは無理。避けようともがけばもがくほど、周囲を困惑させて、さらに孤独になっていきます。

それよりも、普段からひとりの楽しみを見つけ、孤独に慣れておきましょう。本質的に孤独であるという人生を引き受けたとき、かえって明るく生きられるはずです。

楽しい心を保つ絶対条件

●人に対するイライラは厳禁

都会と比べて地方では、人間が少ない分、その付き合いが濃密になります。

「昨日はどこに出かけたの？」

「ダンナさんの病気はもういいのかい？」

「息子を東京の大学にやるんだってな」

「娘さんの彼氏が来てただろ」

自分のことも家族のことも、根掘り葉掘り。そういう人間関係にうんざりしてしまうこともあるでしょう。

もっとも、都会に住んでいても老後は同じ。高齢になれば家に居ることも多く、近所づきあいは避けて通れません。

近所といえど、いろいろな人が住んでいます。価値観もバラバラだから、気が合うとは限りません。しかし、誰かに対してイライラするのは最悪。心のがんを増殖させてしまいます。

そもそも、人の言動が気になるのは、自分に原因があると考えたほうがいいでしょう。自分の監督がしっかりできていれば、「そんなことにこだわっているよりも、ほかにすることがある」とわかるはずです。

まずは、あなた自身が楽しい心持ちでいること。そうすれば、いろいろ言ってくる人に対してもなにも悪い感情は生まれません。逆に、自分が楽しくなければ、どんな褒め言葉でも、悪く思えてしまうのです。

●最新のデータで生きる

毎日を楽しい心持ちで過ごすには、いつも最新のデータを用いることが必須です。世界は絶えず動いているのだから、自分も変わり続けましょう。

昔、音楽はレコード盤で聴きました。そのレコードを聴くためのサウンドシステムは、数百万円もするようなものがありました。そういったものでレコードをかければ素晴らしい音がしたものです。

しかし、今はデジタルデータで聴く時代です。デジタルデータにはそれなりの良さはありますが、デジタルならではの変な雑音も入ります。私の耳には、キーキーとＩＣ（集積回路）が泣いているような音が聞こえます。

ところが、デジタルに慣れてからレコード盤を聴けば、今度はプップッと針が飛ぶ音が聞こえます。そして今、そういうアナログ音に温かみを感じるという若いファンも増えています。

サウンドシステムひとつとっても、世界はこのようにコロコロ変わります。その「コロコロ変化」を面白がれたら、心楽しく過ごせるでしょう。

一方で、「やはりレコードだ」とか「デジタルでなくてはダメだ」とか固定してしまうと、変わる世界に対して不満ばかりが膨らんでいきます。

もし、あなたがこれまで住んでいた大きな家を処分し、小さなアパートに移ったなら、そこにあるのが最新データです。その最新データを使いながら、心豊かに過ごしてください。

もう、財産も地位も関係ない。瞬間に更新され続ける最新データで生きていると、なにものにも依存しない絶対的自由を感じることができるでしょう。

心とは感じること

●みんな感じている

「動物に心があるのか」という議論があります。

犬や猫は可愛がってあげればなつくから心がありそうだが、蜘蛛《くも》やゴキブリのような虫にまではないだろうと、あなたは考えるかもしれません。

では、心とはなんなのかというと、感覚だと結論づけるのが一番でしょう。

仏教では、「眼根・耳根・鼻根・舌根・身根・意根」という「六根」が説かれています。

いわゆる五官に加え、それらを統合する意識を加えた六根で生まれる感覚こそが心だと考えるのです。

「今日は寒い」

「紅葉がきれい」

「おにぎりが美味しそう」

こうしたことを感じることで、私たちは大きなエネルギーを生み出し、体を動かしています。

「今日は寒いから、風邪を引かないように厚着をしよう」

「紅葉がきれいだから、公園に行ってみよう」

「おにぎりが美味しそうだから、食べよう」

こうして私たちの体は、心の奴隷として動いているのです。

では、蜘蛛やゴキブリには心がないのでしょうか。

彼らは、ちゃんと感じています。人間が追い払おうとすれば、危険を感じて逃げていきます。だから、心はあります。心とは、そういうものです。

●どんなことを感じましょうか

私たちは、心が「感じる」ところから活動を始めます。感じたことに価値判断を入れて、より良い感覚を目指します。そうして新たにつくられた感覚は、心が期待した通りかもしれないし、期待外れの感覚になる可能性もあります。そのときには、心が体にさらに指令を出します。

こうしたサイクルは、止《とど》まることなく起こり続けます。

肉体とは心の指令で働く物体で、肉体自身の力で働くことはできません。心が気持ちの良い感覚、嬉《うれ》しい感覚、楽しい感覚などを期待して体に指令を出し、その指令に沿うことを目的に体が動きます。

指令に沿うように動いても、心が期待する通りのものにはならないことはしょっちゅうです。嬉しい感覚を目指したのに、苦しい感覚が起こることもあります。楽しい感覚を目指して行動した結果、落ち込みの感覚が起こることもあります。

一方で、心の希望通りの感覚が生まれれば問題ないはずですが、事実を調べるとそうではないのです。

楽しみを目指して活動した結果楽しみが起きたならば、それは期待通りの結果です。しかし、期待通りであると、かえってあまり面白くなく感じたりします。

美味しいと思うものを連続して1週間くらい食べ続けると、食べること自体面白くなくなって、なにか別の食べ物を探したくなります。

気に入った美しいオシャレな服を買うことができたならば、次にはもっと美しいオシャレな服を買いたいと思うのです。

このように、心は体を奴隷扱いして働かせています。体は奴隷のように働いているのに、なにをやっても心は満足を感じることができません。

やがて、体が活動できなくなってくると、心は不安と怯《おび》えに悩みます。死を恐れるのです。そこで、「永遠不滅」というわけのわからない妄想概念をつくって、それを目指すことになります。

こうして、心は悪の循環、苦の循環をつくってしまうのに、人は「それに対して自分がなにをしているのか」ということにも気づいていないのです。

この問題についても、自分の監督を設定することで改善が図れます。

たとえば、あなたが目でなにかを見たとしましょう。目が感じるのは屈折して入った光子の一部です。そこにはなにも情報はありません。心が光子の流れを「花だ、美しいのだ」とシミュレーションして価値をつくるのです。

耳にふれるのは空気の振動です。それを音楽としてシミュレーションして、「音楽だ、気持ち良い」と判断するのは心です。空気の振動にはなんの音もないけれど、耳にふれて感じるとオーケストラになってしまうのです。

●心はマジシャン

このように、自分の生き方に監督を設定してみれば、心が好き勝手に幻覚をつくり、それに喜怒哀楽の感情を乗せて善し悪しの評価をつけてめちゃくちゃにしているのだと発見できます。

六根で感じる対象は六種類で、とてもシンプルです。眼根で色と形を感じる、耳根で空気の振動を感じる、鼻根で香りを感じる、舌根で味を感じる、身根で固さと温度を感じる、意根で制限なくさまざまなことを合成したり妄想したり思考したりするのです。

眼耳鼻舌身は、現在あるものしか感じません。眼で昨日の花は見られません。舌で明日《あした》のご飯は味わえません。それらと違って、意はあるものもないものも、過去のことも未来のことも想像できます。現実の世界にペガサスはいないが、想像の世界でなら必ずいるのです。ペガサスに愛着をつくることさえできるのです。

これくらいの説明で、心とはどんなものか理解できると思います。心はマジシャンで、実在しない世界をつくり、あなたを悩み苦しみに陥れているわけです。

ここで述べたのは、仏教が教える真理の世界です。いきなり理解するのは難しくても、自己監督を設定すれば、「生きるとは妄想に閉じ込められていること」だと理解できるでしょう。

煩悩も執着も、悩み苦しみも、不安も死の恐怖も、どれもこれも心がつくりだす幻覚の世界であると発見できます。そこで、心が苦しみをつくるプログラムを変えるのです。プログラムを変革し、すべての執着を捨てること。仏教はこの境地を目指しています。人生の第3ステージに入った人たちには、俗世間でやるべき義務は多くありません。体もそれほど活動できる状態でもないでしょう。

そうした状況にあって、自己監督を設定することで心のからくりを発見できれば、最高の徳を得ることも可能なのです。

他者の尊厳を大切にできる年代

●みんなが変なのか、自分が変なのか

老人ホームに入った70代の男性が、気が合う友人ができないと嘆いています。みんなの話の知的レベルが低くて、つまらないというのです。

その男性は高学歴で、仕事もいわゆるホワイトカラーでした。

彼は、「自分のほうが知的レベルは高い」と考えているわけですが、その根拠はなんでしょう。学歴やかつての仕事内容だとしたら、老人ホームの仲間とは永遠に折り合わないでしょう。

私たちは、一人ひとりがなにかを感じ、その感覚に従って自分でできることをやっては世界を変えています。

感じ方は人それぞれ違い、そこに優劣はありません。

たとえば、道端に小さな花が咲いていたときに、それを見てどう感じるかは人によってバラバラです。

自分は「可愛い花だ」と感じても、隣の人は「寂しそうな花だ」と感じているかもしれません。あるいは、「可愛い花だね」と言って「僕もそう思ったよ」と答えが返ってきても、可愛いという内容は一緒ではありません。

こうした状況にあって、人の感じ方およびその感覚から生まれる行動について、ほかの人が点数をつける権利はありません。

ましてや「自分のほうが価値がある」と思うのは、驕《おご》り以外のなにものでもありません。

●尊厳を踏みにじることだけはしてはいけない

AさんもBさんもCさんも……それぞれがなにかを感じ、その感覚に従って動いたり話したりしています。心の指令に従って、体を反応させています。

それに対し、「Aさんはくだらないことをやっている」とか「Bさんの話はつまらない」ということは、心を踏みにじっているに等しいのです。

私たちが、人生において最低限しなくてはならないのは、他者の尊厳を大切にすることです。

相手が人間であれ、動物であれ、虫であれ、みんななにかを感じ、その感覚をもとにして精一杯生きて、自分の世界をつくっています。そうした存在の尊厳を踏みにじるようなことだけはしてはなりません。

人生の第2部までは、「取る」ために他者の尊厳を踏みにじりかねない場面も多々あり、なんとかそれを「道徳」によって抑えてきたはずです。いや、抑えられなかった人もいるでしょう。

しかし、最後のステージでは、もうそんなことはしなくていいのです。

道徳なんかに頼らずとも、自ら心の汚れを落とし、心を清らかにし、人格を向上させていきましょう。

自分の意思でそれができるのは、とても幸せなことなのです。

第4章　精神の進化

70代は好きに生きていいのです

●個人の価値が減っている

現代のように社会が進化してくると、個人個人の役割が小さくなります。

たとえば、電話のない時代、遠くにいる人に連絡をとらなければならないときは、手紙を書くしかありませんでした。そして、それを届けてくれるのは人でした。

でも、ネットで書類がやりとりできるようになった今、人に頼った郵便システムがなくてもどうということはありません。

逆に、ネットでの買い物が増えたことで、それらを配達してくれる人が必要となっていますが、これも一時的なもので、やがてはドローンがその役割を担うでしょう。

スーパーのレジも、無人スタイルが激増しています。かつて、値段をレジスターに打ち込んでいたときには、それを速く正確に行える人は重宝されたのに、今はその価値が評価される機会はありません。

これからＡＩが発達すれば、ますますそうした傾向は強くなります。

乱暴な言い方をすれば、大企業さえ動いていれば、もう個人はいてもいなくても社会は成り立ちます。

そして、大企業も機械化されているから、そこで働く人間も少なくていいのです。

●縛られない自由があります

機械なら24時間働かせることができるし、ミスも少なく文句も言いません。だから、機械を手に入れた企業は人を減らしたがります。

最近は、定年まであと何年もある50代の人でも肩叩《たた》きに遭います。

このときに、「俺がいなければ、この仕事は動かない」と思っているのは本人だけで、それは誰が代わってもできるし、機械でもできるのです。

こういう時代に、「会社で評価されること」あるいは「会社で評価されていたこと」に自分の存在意義を見いだしていれば、あなたは早晩「生きる価値がない存在」になってしまいます。

一方で、そこから軸足を180度動かせば、とても自由で楽しい世界が待っています。あなたはそこで、好きなように生きていいのです。

子どもの頃からの趣味だった鉄道模型にはまってもかまいません。家の庭に小さな家庭菜園をつくってもいいでしょう。ダンス教室に通うのも、英会話を習うのも、自転車で日本一周旅行に出るのも、あなたの自由です。

なにより、人間関係をフラットに戻せるという自由があります。

本来、人はみんな対等ですが、会社の奴隷として見えない鎖でつながれていた頃は、絶えず「支配する側」か「支配される側」のどちらかにいなければなりませんでした。でも、人生の第3部に足を踏み入れたら、もう、そうした鎖から自由になっていいのです。

逆に、いつまでも支配の世界で奴隷を続けるならば、あなたは本当の自由を得られません。たとえ、出世して支配する側にいたとしても、それもまた「ほかの人を支配する」という役割をこなす奴隷に過ぎません。
そうした一切から離れて、好きなように生きましょう。

公園で遊んでいる気分で生きましょう

●ただの一員として生きる喜び

今は、老人ホームで人生の最後の日々を過ごす人も多いですね。一口に老人ホームと言っても、値段も設備もさまざまですが、どれほど高価なところに入っても、それはあなたのものではありません。

まったく自分には関係のない場所で、他人に管理されて残りの人生を生きるのが老人ホームです。

係の人のお世話がなければお風呂《ふろ》にも入れない。

みんな同じご飯を食べ、決まりを守らなければならない。

かつてはどれだけ地位のあった人でも、老人ホームに入れば、ただの一員です。

というと、ネガティブに聞こえるかもしれませんが、さまざまな執着から離れてただの一員になった「楽」を感じてほしいのです。

それを受け入れられずに、老人ホームでまで過去に勤めていた会社の話をしたり、夫がどれほど高い地位にいたかなどをひけらかしたりするのはやめましょう。

老人ホームに入るくらいの年齢になれば、そんなことはどうでもよくて、「今日は調子どう？」「もうご飯食べた？」「よく眠れましたか？」というくらいの会話を仲間とできれば、それでいいではないですか。

●自分のものでない場所だから楽なのです

私は、人生の最後のほうは、公園で遊んでいるような気分で生活するのが一番いいと思っています。

公園は、市町村など公の機関が、税金を使ってきれいに整備してくれている場所であり、あなたの管轄ではありません。

その公園に行って、お弁当を食べたり、友だちとおしゃべりしたり、散歩したり、ベンチで昼寝したりして過ごし、好きな時間に帰ってこられます。

そのために、あなたがしなくてはならないのは、自分で出したゴミを持ち帰ることくらい。ほかのことは、全部、誰かがやってくれています。

もし、その公園があなたの持ち物だったら、どんなに大変でしょう。雑草は抜かなければならないわ、ベンチのメンテナンスもしなければならないわ、知らない人がどんどん入ってきて汚すわで、気持ちが休まることがないでしょう。

自分のものではない公園だからこそ、楽に使えるのです。

私は、自分の家よりもホテルのほうが気分良く過ごせます。

ホテルの部屋は私のものではないので、「使わせていただいている」と感じます。そう感じることで、かえって楽になります。私のものではないからこそ楽なのです。

考えてみれば、これまであなたが使ってきたものの多くは、あなたのものではなかったのです。出張で使った新幹線も、途中で食事したレストランも、あなたのものではありませんでした。

でも、それで便利に暮らせたでしょう。そして、新幹線もレストランも、あなたのものだったら最悪でしょう。

なににつけ自分で所有するのではなく、誰かが管理しているものを使わせていただくという生き方が楽なのですよ。

好きなときに、好きなだけ眠りましょう

●自由に寝起きする幸せ

会社勤めをしていたり、子育てに一生懸命なときには、生活のプログラムも自分の好きなようには組めません。

その最たるものが睡眠です。

起床時間は、会社に遅刻しないように、子どもを学校に遅刻させないようにという基準で設定する。就寝時間は、なるべく早めたいと願いつつも、夜遅くまで仕事や会食があったり、ストレスが溜《た》まってなかなか寝付けなかったりと、満足のいく睡眠が取れている人

は少ないのです。

しかし、70歳にもなったら、そうした悩みとは無縁となります。会社も子育てもないのだから、いつ寝て、いつ起きてもいいからです。

私自身、好きなようにしています。

私は、午後４時半くらいになると眠くなってくることがよくあり、そのときは１時間ほど眠ります。

一方で、眠りたくならなければ、深夜になっても眠りません。

体が、「もう限界」と言ったら寝る。それだけですが、誰かの迷惑になるわけでもありません。

もしあなたが、「夕方に眠るなんて」「ちゃんと夜になったら眠らないと」と抵抗を感じるとしたら、それは過去のデータで生きているからです。

人生の第2部までの価値観は捨て、睡眠ひとつについても新しいプログラムで生きましょう。

●不眠症で悩む人へ

心療内科などの外来は、不眠症を訴えて受診する人であふれており、そこには高齢者もたくさんいます。

働き盛りの人の場合、ストレスが強くて眠れないケースが多いようですが、高齢者が眠れないのは、単純に年をとったからでしょう。

誰だって、若い頃はよく眠れました。ちょっと音がしたくらいでは、びくともせずに眠り続けるのが若者です。

一方で、夜中に目が覚めることもなく、気づいたら10時間も眠っていたなどというのは、高齢者になればありません。

年をとれば基礎代謝も落ちるし、眠る力自体も弱まるから、眠れなくなるのは当たり前です。もう、あまり眠る必要がないから眠れないのです。

そうした当然の変化を受け入れず、「眠れない」と嘆くのは、やはり過去のデータに引きずられているからです。「昔はもっとよく眠れた」という思いがあるから、今の睡眠では不満なのです。

でも、今のあなたの体は、眠らないでいいと言っています。今のデータで生きていれば、なんの問題も生じていないのです。
今のデータのみ採用し、今が一番いいように暮らしましょう。

「もったいないから食べる」は悪

●科学的に食べましょう

仏教では、細胞に栄養と酸素を送り込まなければ死んでしまうこと自体が病気と考えています。食事や呼吸は、自分で行う治療のひとつです。

だから、食事については、科学的に対処していく必要があります。

私たちの体を、機械にたとえて考えてみましょう。一口に機械と言っても、ブルドーザーのような重機から、コンピュータのような精密機器までいろいろあります。

重機が必要とする燃料と精密機器のそれとは違いますね。充電式で動くパソコンにガソリンを注ぎ込めば壊れてしまいます。

人間の体も同じです。どんどんエネルギーを消費する若い頃は、糖質も脂質もたくさん必要でした。脂っこいものもがんがん食べられました。でも、70歳になったらそうはいきません。必要以上に食べれば、体を壊してしまいます。

自分という機械が、どういうふうに働いていて、どんなエネルギーを必要としているか科学的にとらえていきましょう。

コロナで外出制限がかかっていた時期、運動量が減った私は、お腹が空《す》かなくなりました。そうした体の声に耳を傾け、私はあまり食事をとらずに過ごしました。

野生の動物は、必要以上には食べません。目の前に獲物がいても、お腹が減っていなければ捕って食べることはしません。

人間や、人間に飼われているペットだけが、そうした正しい感覚を失って、必要以上に食べています。その結果、糖尿病などの生活習慣病を招いているのです。

●食事にまつわる3つのNG

70歳になったら、正しい感覚で生活しましょう。

食事に関しては、「美味《おい》しいから食べる」「好物だから食べる」「もったいないから食べる」の３つは排除しましょう。

美味しいものや好物ばかり食べていれば栄養が偏るのはわかりますね。

では、「もったいない」のなにがいけないのでしょうか。仏教的な観点からすると、「全部食うなよ」ということになります。

日本人が「残さずに食べる」を美徳とするのは、そもそも残すほどのものは手に入らなかった貧しい時代の名残です。

豊かになった今は、残さずに食べていると太ってしまいます。それは、食べる必要のないものまで食べているからで、けっして美しい行いではありません。

一方で、私のふるさとでは、ご飯を炊くときに、家族の人数分で計算しません。

５人家族だから５人分炊くということをせず、持っているお釜《かま》で炊けるだけの分量を炊きます。

結果的にいつも残りますが、そのご飯は、訪ねてきた人に食べてもらいます。むしろ、誰かが訪ねてきたときに、その人に出すご飯がなければいけないと教えられているのです。

客人に出しても余ってしまったら、犬や猫やカラスにあげてもいいでしょう。

要するに、自分たちだけが満ち足りればいいというものではないということ。もったいないから食べるということは、その分、誰かに行くはずだった食べ物を奪っていることなのです。

「毒付け」された食事から抜け出しましょう

●味付けは毒付け

幼い頃はとても嗅覚《きゅうかく》が鋭く、それで食べ物の好みが決まります。

子どもの多くはピーマンが嫌いですが、その原因は味ではなく匂いにあります。子どもにとって、ピーマンはとても臭いのです。ところが、大人になってくると嗅覚が弱くなって、かえって「美味しい」と感じるようになります。

ピーマンに限らず、「子どもの頃は嫌いだったのに大人になって食べられるようになった」というものが、あなたにもあるでしょう。それを、「大人の味覚になった」と喜んでいるかもしれませんが、要するに鈍くなっているだけです。

私は子どもの頃、生のニンジンが大好きでした。母親が料理をしている横からこっそり取って、生のままかじっていたものです。

一方で、料理したニンジンはあまり好きではありませんでした。

生のままのほうが美味しいのに、どうして料理してしまうのか、私には理解できませんでした。思うに、鈍くなっている大人たちには、調理していろいろ素材に変化をつけることが必要だったのでしょう。

でも、油で調理したり、塩や砂糖などを加えたりすることは、本来はいらないものを添加しているわけです。味付けイコール「毒付け」だと私は勝手に言っています。

野生の動物は、どんなものでも素材のまま食べます。調理するのは人間だけ。調理したものを好むのは、生命体としての本能が衰えている証拠です。

●本来の味を楽しむ時期

長く生きていれば、それだけ調理したものを食べていた期間も長くなります。

とくに、外食や市販の惣菜《そうざい》などは、自分で調理していない分、どんな毒付け（味付け）がされているかわかりません。グルメを気取ってあちこちのレストランを食べ歩いて来た人は、相当、毒も取り入れてきたと思ったほうがいいでしょう。高齢者と言われる年代になったら、面白がりつつ、自分で食べ物のコントロールをしてみましょう。

たとえば、サラダを食べるなら、素材の野菜から買ってきましょう。そして、ドレッシングをかけるときには、「毒付けしている」と認識しましょう。すると、ジャバジャバかけることもなくなるでしょう。

魚を焼くときにも、毒付けを意識すれば、少しの塩しか振らなくなります。

そういう食事をしていると、だんだん舌がリセットされて、これまでいかに毒まみれの濃い味を好んでいたかが感じ取れるようになります。

高血圧などの生活習慣病を抱えている人は、医者から「減塩してください」と言われるでしょう。それはわかっているけれど、「塩味の少ない食事なんて美味しくない」と思うからなかなかできなかったわけです。

でも、それは「毒が付いていない食事なんて美味しくない」と同義で、本来の感覚が狂っているだけです。

慌ただしく過ごしていた時期には、食事もいいかげんで、いろいろ毒も溜め込んできたことでしょう。

人生の最後のステージでは、本来の食事をゆっくりと楽しみましょう。

「今死ねるか」を問い続ける

●死は突然やってくる

あなたが死ぬときに考えることはなんでしょう。

もし、「夫にありがとうを言っておけば良かった」「子どもとけんかして仲直りができていない」「孫に別れの挨拶《あいさつ》をしてから死にたい」などと、なにかしらの心残りがあったとしたら、それは不幸な死に方と言えます。

そうではなくて、「あ、今死ぬのね。ＯＫよ」と思えたら最高です。

私たちは、いつどこで死ぬかわかりません。散歩の途中に心臓発作で死んでしまうかもしれません。がんになって余命２年の宣告をされても、それは確かなものではありません。病院に向かう道で、交通事故に遭って死んでしまうかもしれません。

そのときに、「せめて散歩が終わるまで待って。片付けたいものがあるから」「余命宣告まではダメ。会っておきたい友人がいるから」と思っても、そんなことは通用しません。だから私たちは、「今死んでもＯＫだよ」と思える日々を過ごしていかねばならないのです。

●心残りをつくらない生き方

普段から、「今死んでもいいか（Can I die right now）？」と自分に問いかける習慣を持ちましょう。

自分自身の監督として、今の心のまま死んで大丈夫かをチェックするのです。

「こんなに怒り狂った状態で、死の試合に出るのは良くないな」

「落ち込んだ気持ちでいるから、このまま死んだらまずい」

死という試合はいつ行われるかわからないのだから、監督としては心の状態をいつでも万全に調整していくことを考えるでしょう。

これは仏教的に、非常に素晴らしい精神訓練となります。

夫婦げんかをして、不快な言葉を投げつけたまま家を出るのは、帰宅すれば会えるのが当たり前だと思っているからです。そのときに仲直りすればいいと思っているからです。しかし、そんなことができる保証はどこにもありません。

子どもの家に遊びに行けば、帰り際に孫が「また来てね」と言ってくれるでしょう。でも、また行けるかどうかはわかりません。

そうしたことを考えないから、心残りが生じるのです。

家族だけでなく、友だちや近所の人などに、怒ったり、不機嫌な態度をとったりしていたら、そのまま死ぬのは嫌ですね。

やっておくべき仕事があったのに、さぼって放置したまま死ぬのは嫌ですね。

でも、どんなに心残りがあって「死ねない」と思っても死ぬのです。

だから、心残りの原因はつくらないでおきましょう。

一日に数回、「今死ねるか」と自らに問いかけましょう。

そして、いつどんな形で死が訪れても、「あ、今死ぬのね。ＯＫよ」と言ってこの世を去れるようにしましょう。

慈悲の気持ちを持つヒント

●慈悲の気持ちとはどんなもの？

生きとし生けるものが幸せでありますように。

これが慈悲の気持ちです。

しかし、そういう気持ちを持ちなさいと言われても、実際にはなかなか難しいでしょう。どうしても人間は、自分の幸せが最優先で、「そんなきれい事は言っていられない」と考えがちです。

もちろん、この「生きとし生けるもの」には、あなたも入っています。だから、「私が幸せでありますように」という思いは持っていて当然です。

ただ、あなたがそう考えるように、どんな生命も幸せになりたいわけです。

あなたが苦手に思っている人も、かわいがっているペットの猫も、土を這《は》うミミズも……生きとし生けるものは、みんな幸せになりたいのです。つまり、「自分と同じだ」ということです。

慈悲の気持ちとは、それを認めるということにほかなりません。

そして、「生きとし生けるものが幸せでありますように」を本気でやっていれば、どんな生き物も大切な家族になっていきます。

●ゴキブリも可愛い

以前、私が宿泊したビジネスホテルは、古かったためか洗面所に小さなゴキブリが出ました。歯を磨きたいのに洗面台にいられると邪魔ですから、私はそのゴキブリにどいてもらおうと触角にそっと指をあてました。

しかし、そのゴキブリは動こうとせずに、洗面台についた水を必死に飲んでいました。よほど喉《のど》が渇いていたのでしょう。

そして、飲み終えると、そのままどこかへ行ってしまいました。やっと、洗面所を使う順番を私に回してくれたわけです。

「小さいくせに生意気なやつめ」と、私はそのゴキブリをとても可愛く思いました。

ゴキブリも、生きとし生けるものの一部であり、私の家族です。その家族が、一生懸命に水を飲んで満足して帰って行く姿を見ているのは、楽しいものです。

多くの人は、ゴキブリを嫌がります。ゴキブリの糞《ふん》があれば「汚い」と大騒ぎするでしょう。しかし、人間も排泄《はいせつ》します。

そもそも、ゴキブリは、人間の生活をひとつも侵害していません。

一方で、人間は生きとし生けるものにたくさんの迷惑をかけています。

その証拠に、山にゴミはないけれど街にはゴミがあります。山にゴミがあるとしたら、それは街に住む人間が持ち込んだものです。

地球上で一番かっこ悪くて、生きる権利を失っているのはホモサピエンスです。

人生の最後のステージに入ったら、かっこいいホモサピエンスを目指しましょう。

あらゆる生命を、ことごとく慈しんでください。すると自我が消えていきます。

「私」ではなく、ただ「生命」。私たちはゴキブリと同様に、生きとし生けるもののひとつに過ぎません。

こんなことに思いを馳《は》せるのは、若いうちはなかなかできません。今こそ、そういう幸せが与えられていることに気づいてください。

第3章（一〇六ページ）で「心のがん」というフレーズを用いました。体のがんの完治はまれなケースですが、もっと恐ろしい心のがんは完治できます。

ここで、ちょっと余計なことを言いましょう。がんを患って人が亡くなったからといって、その人は地獄に落ちるとけっしていえないでしょう。逆に、心を汚れ放題汚して、怒り・嫉妬《しっと》・憎しみ・わがままの塊になって生きて、周りの人々にかけたい放題迷惑をかけて、しかしこれという病気に何ひとつかからないで健康な体をもってやがて死んだならどうでしょう。その人の体が健康であったから死後、天界に生まれるといえるでしょうか。

死後の幸不幸を決めるのは心が汚れているか否かです。「汚れた心で死ぬ人は不幸に陥る。清らかな心で死ぬ人は幸福になる」とは理解不可能な難しい真理ではありません。常識としてとらえてください。

人を不幸に陥れる心のがん（心の汚れ）を治すための特効薬は、慈悲の気持ちを育てることです。すべての生命に慈しみを感じられるように進化することができれば、その人は最高の幸福に至るのです。

心ががんにかかる原因は「自我の錯覚」です。「自我の錯覚」から、怒り・嫉妬・憎しみなどの汚れが起きてしまいます。自我の錯覚にとらわれると、自分の命だけ優越だと思い、他の生命を軽視したがる気持ちに陥ります。慈悲を育てれば、その症状が治るのです。

親子関係も日々新しく調整する

●見返りを期待せずなにかやるのは親だけ

鳥の子育てを見ていると、親のありがたみがよくわかります。

ハトもスズメも、あちこち材料を探し回って巣をつくり、メスが産んだ卵をオスも協力して温め続けます。

卵が孵化《ふか》すると、今度は餌を与えるのに大忙し。子どもたちは巣の中で待っているだけで、親はせっせと餌を探し、自分も腹ぺこなんだけれど、それを口移しで子どもに与えます。

そんなふうに必死に育てても、子どもたちはいずれ巣立っていき、空になった巣が残るだけです。

人間もそうですね。

お母さんは、とても痛い思いをして赤ちゃんを産みます。夜中に赤ちゃんが泣けば、どんなに疲れていても起きて、ミルクをあげたり、おむつを替えたり、あやしたりします。お父さんは、自分の小遣いが少なくても我慢して、子どもの教育費を稼ぐために会社に向かいます。

学校で子どもが問題を起こせば、「お父さんもお母さんも、あなたを信じているから大丈夫だよ」と応援します。

受験に失敗して落ち込んでいたら、「まだ、いくらだってチャンスはあるよ」「今日はお風呂に入ってぐっすり眠りなさい」などと慰めます。

こうして、無条件の愛情をかけて育ててもらっても、子どもは親から離れていきます。鳥と同様、親子とはそういうものなのです。

ばいけません。

●親も変わりましょう

子どもは、成長のプログラムに沿ってどんどん変化します。だから、親も変化しなければいけません。

過去には、3時間ごとにあやさなければいけないプログラムもあったし、受験の応援をしなければいけないプログラムもあったし、反抗期に付き合うプログラムもありました。

でも、それは過去のデータで、今はもう使いません。

このとき、過去のデータに愛着を持ってしまうと「あれだけ、愛情をかけて育てたあの子は、もうここにはいないのだ」と寂しく感じます。

さらには、「あれだけ愛情をかけた」というデータに引きずられ、「だから私たち親の面倒を見るべきだ」などと考えてしまいます。

私は、子どもは親孝行すべきだと思っています。その理由は、見返りを期待しないでなにかしてくれたのは親だけだから。それがあまりにも尊いから「親孝行しなさいよ」と言っているのです。

一方で、不自然なまでのやりすぎはいけません。

親が子どもを育てるのは動物の本能ですが、子どもが老いた親の面倒を見るというのは人間ならではの行為です。そこには、動物にはない理性があります。

しかし、優しい子どもが仕事を辞めてまで親の介護をし、親がそれを喜ぶというのは不自然です。それをやったとたんに、これまでかけてきた親の愛情は、老後に回収するための投資に変わってしまいます。

あなたが子どもにかけた愛情は、尊いもののままにしておきましょう。

「我が子のために」から解放されてください

●二世帯住宅は必要ですか？

かつての日本では、多くの人が結婚したらローンを組んで家を持ちました。終身雇用が当たり前で、給料も右肩上がりに増えた時代には、ローンの支払いがうまくいったのですね。

このように、今70歳くらいの人たちにとって、「就職する→結婚する→子どもを持つ→家を買う」というプログラムは、広く共通したものでした。

でも、今は違います。価値観は多様になって、就職も結婚も人それぞれです。ましてや、

「家を持って一人前」という感覚は薄れています。

それでも、子ども世代のために、60歳を過ぎてから自らローンを組み、二世帯住宅を建てる人もいます。

人生の最後のステージは、あらゆるものから離れて自由に生きられるのに、わざわざローンで自分を縛り、金融機関やデベロッパーの奴隷になってどうするのでしょう。

それに、そうまでして残してあげた家を、若い世代は本当に喜ぶでしょうか。

つくりがダサい、ムダに広い、会社から遠すぎる……きっと陰では不満を抱いているはずです。

だからといって、リフォームするにはお金がかかるし、人口が減少している今、よほどの好条件でない限り売るにも売れません。

そう考えると、財産を残してあげたつもりが、やっかいネタを残しているわけです。どうも、この「子どものために」は、うまく機能していないようです。

●明るくいてあげるのが一番です

子どもを可愛いと思う年老いた親の心配事は、大きくふたつあります。

ひとつは、自分たちが死んで、将来、子どもが経済的に苦労しないかということ。

これについては、「死んだ後のことはあなたの管轄外ですよ」とアドバイスするしかありません。

もうひとつが、自分たちが子どもに負担をかけるのではないかということです。

寝たきりになったり、認知症になったりして子どもに迷惑をかけるのは、なんとしても避けたいと多くの親が思っています。そして、そのためには、体の健康に気をつければいいのだと思っています。

しかし、それよりも大事なのは心です。

子どものことを愛している親が第一にすべきなのは、常に明るく謙虚な心を持って暮らすことです。

あなたの願いは、子どもたちから「お父さんには困ったものだ」と思われるのではなく、「こんなお父さんでいてくれて本当に嬉《うれ》しい」と喜んでもらうことでしょう。

そのためにあなたがすべきことは、二世帯住宅をつくることでも、自分が認知症になってしまうのを心配することでもありません。

あなたは、人生の第2部までに、子どもたちに大きな愛情をかけて育ててきました。これからは、自分がニコニコ楽しく暮らすこと。それが、子どもたちにとっても最高の幸せなのだと気づいてください。

家族の中で浮いている寂しさを感じたら

●詐欺に遭う理由

「あ、おばあちゃん。俺だけど大変なことになっちゃって……」

こんな偽の電話をかけて、高齢者からお金を騙《だま》し取る詐欺が後を絶ちません。

このとき、電話を真に受けて慌てて銀行に行くおばあちゃんは、孫が可愛くて仕方ないから必死でお金を用意するのでしょうか。

私に言わせれば、そうではありません。

本当に孫が可愛ければ、声くらいわかるでしょう。しょっちゅう孫と話をしているなら、なおさらわかるでしょう。そういう関係でないから、まんまと騙されるのではありませんか？

それに、どうして孫の親、つまり自分の子どもに最初に相談しないのでしょう。

「○○ちゃんから、変な電話がかかってきたんだけど」

「そんなはずないわよ。それ、きっと詐欺だよ。もし、○○になにかあったら、まずこっちにかかってくるでしょうから」

「そういえば、そうだね」

普通なら、こんなふうに我が子に確認して事なきを得るはずです。それをしないこと自体、家族との関係が破《は》綻《たん》している証拠でしょう。

もし、百歩譲って本当に孫だとしたら、さらに問題です。

孫が急にお金が必要になったとき、親を飛ばしておばあちゃんに話を持ってくるとしたら、その心理はなんでしょう。少なくとも、「おばあちゃんが好きだから」ではありません。おばあちゃんなら簡単に騙せるからです。

このように、家族との関係がうまくいっていない高齢者が、寂しさという心の問題にやられてしまうと、そこにさまざまな形でつけこまれるのです。

●淡々と眺めて過ごしましょう

もちろん、多くの人が、家族とは仲良く暮らしていることでしょう。しかし、仲良く暮らしていても、高齢者は独特の寂しさに襲われることがあります。

ひとつのリビングルームに、子ども夫婦がいて孫もいる。そこに、自分も交ざっている。こんな幸せな光景はありませんね。

ところが、幸せなはずなのに、なんだか寂しい。子どもや孫がワイワイやっている輪に入れないような寂しさがあるのです。

これは、むしろ当然のことと思ったらいいでしょう。

子どもも孫も、あなたのことを無視しているわけではありません。しかし、年代ギャップはどうしたってあります。

あなたが囲碁が好きでも、それを孫も楽しいと思うはずがありません。だからといって、あなたが孫の遊びに割って入ったら、みんなを当惑させてしまいます。

ここは一歩引いて、子どもと孫がギャーギャーやっているのを見て楽しみましょう。

「それ、ダメだって言ったでしょう」

「やめなさい。何度言ったらわかるの」

かつて、あなたが子どもに対して言ったことを、子どもが孫に言っているはずです。目の前で同じサイクルが繰り返されているのを見ていると、なんだか楽しく、心が落ち着いてくるはずです。

完璧を目指してはいけません

●老いた自分を見せていい

段差のないところで躓《つまず》いてしまう。

硬いものが噛《か》めなくなった。

人の名前が思い出せない。

年齢を重ねると、いろいろ不都合が出てきます。そのたびに「俺も年をとったな」と思いますね。たしかに、年をとったのです。

しかし、それを情けないとか恥ずかしいなどと思ってはいけません。それまで生きてきた証《あかし》として、老化現象が起きているのですから。

ところが、とくに子どもに対して自分の老いを見せることに抵抗を示し、カラ元気で振る舞う人がいます。

本当は膝《ひざ》が痛いのに、「まだまだ大丈夫だよ」と階段を上ってみせる。

懐が寂しいのに、「今日はお母さんのおごりよ」と支払いを買って出る。

ある程度の頑張りはいいとしても、無理をされることは子どもにとって少しも幸せではありません。

それに、今の老いをあるがままに見せてもらったほうが、将来への心の準備ができていいのです。

無理をしたって、必ずどこかで限界が来ます。そのときになって、いきなりどかんと老いた印象を与えるのではなく、徐々に変化を見せてあげましょう。

●完璧な人などいない

幼い頃は、親は完璧《かんぺき》な存在です。本当はそんなことはないのだけれど、親の言うことを聞いて育っている子どもには、親は完璧に見えます。

でも、だんだん年月が経って自分自身も大人になると、「お父さんの言っていることはおかしかった」「お母さんにも間違いがあった」などと感じるようになります。だからといって、親を軽蔑《けいべつ》するわけではありません。「人間は完璧ではないのだ」という正解に行き着くわけです。

親ならば、いずれこの正解を与えてあげたほうがいいのです。

だから、いろいろ失敗してください。

私も、年をとって物忘れが増えました。

私の脳には来月なんて存在しませんから、講演会の予定なども「前の日に確認の電話をしてください」と周囲に頼んでいます。

そして、その電話で思い出してからスライドなどを準備するので、とても完璧にはできません。それでも、ごまかしながらやっているとなんとかなります。これが、今の私のデータに合わせたやり方なのです。

加えて、最近の私は話が長くなりました。

若い頃は、高齢者の話が長いことに辟易《へきえき》していたのに、今は私が同じことをやっています。

でも、それでいいのだと思います。そんな私の姿を見せることも、若い人たちになにかを伝える役目を果たしているはずです。

だから、かっこつけないで、年相応にだらしなくやっていきましょう。

進化が呼んだ退化に気づきましょう

●それは進化か洗脳か

私たち人間は、自分たちの進化を自画自賛しているけれど、いろいろなところで退化しているということに気づけずにいます。

とくに、70歳くらいの人たちは、高度経済成長期に子ども時代を過ごし、成人してからも、便利な家電や通信機器などが次々に誕生するのを目の当たりにしてきた世代です。親世代と比較して寿命も大きく延びており、「自分たちはすごく進化してきた」と思っていることでしょう。

たしかに、技術の進化は寿命を延ばします。これは、動物園にいる動物の寿命が長いことを見ればわかります。

野生の動物たちは、敵から身を守ることや、餌を確保することに明け暮れており、それがかなわずに死んでしまうこともしょっちゅうです。一方で、動物園で飼育されていれば、快適で安全な小屋があり、餌は飼育係からもらえ、獣医さんの治療も受けられます。彼らは、動物でありながら人間が手にした進化を享受しているわけです。

ただ、動物園で暮らしてきた動物が、いきなり野生に放り出されたら、きっと生き抜くことはできないでしょう。敵から身を守る俊敏さや、自力で餌を探す能力が退化してしまっているからです。

●私たちは動物園の動物です

同じようなことが人間にも起きています。

私たち生き物は、食べ物からいろいろな栄養素を得て、エネルギーもつくりだしています。だから食べ物は大事で、本来は自分の体がなにを必要としているかを判断する能力が備わっています。

しかし、進化した社会がおかしなものをつくりだし、洗脳してくるために、その大事な能力を人々は退化させています。

たとえば、健康のために野菜をたくさん食べましょうと言われますね。たしかに野菜は重要で、ちゃんと機能している体なら、必要なときに「野菜を食べよう」と思うはずです。しかし、その能力が退化してしまっているので、やたらと肉ばかり食べたり、あるいは、もう野菜は足りているのに「もっと食べなくちゃ」と、コマーシャルにつられて健康食品をとったりするのです。

こういう人たちは、本来の野菜の味もわからなくなっています。

今スーパーに並んでいるホウレンソウは、人間が耕した畑に種を蒔《ま》いて化学肥料を与えてつくられているものがほとんどです。昔の人たちが食べていた、山に生えている自然のホウレンソウとは、似て非なるものです。

自然に生えたホウレンソウのほうがずっと栄養は豊富だけれど、アクが強いから現代人は「美味しくない」と感じるでしょう。生きるために欠かせない味覚がすっかり退化しているのです。

世界は絶えず更新されていますが、そこには、「進化している」という洗脳もあります。

「野菜なんて食べなくても健康食品で補えば大丈夫だ」というのは、進化を装った洗脳で、その洗脳を受けてしまった人は退化します。

人生の最後のステージでは、本当の進化を見極めて生きる必要があります。

●人生のツケ

人々は皆、進化を喜んでいます。私たちが使う道具や、日々の生き方はかなりの速さで進化していきます。

しかし、この世の中の物事には必ずツケも回ってくるものです。原発と同じです。原発には、その儲《もう》けをはるかに超える核廃棄物の問題があらわれるのです。

現代人は、赤ちゃんの頃から苦労しないで管理された環境で贅沢《ぜいたく》に生きてきたため、体もそれに適応してしまいました。そのツケとして、私たちが生き延びるために必要な生命力が弱くなったのです。

昔は細菌とウイルスにあふれた世界で生きていたのに、今は無菌状態でないと耐えられない。この退化の流れが、心にも入ってしまったわけです。

科学知識は日進月歩で進んでいます。しかし、私たちはどんな目的を持って生きているょう。

のでしょうか。昨日より便利な品物が今日手に入ればありがたい、と思っているだけでし

今の世の中に、哲学者と呼べる人はいません。生きるとはなにか、と考える人はいないのです。どう生きればよいのかと考える人もいなければ、死について考える人もいません。それどころか、精神のことに興味を持つ人々を煙たがります。心清らかにした人々、すごい能力を持った人々、仙人たちの話は昔話になっています。それは、心の退化です。

こういう状況にあるからこそ、「人生の第3ステージに入ったならば、肉体のことを放っておいて心の進化を目指しましょう」と私は提案したいのです。

アルボムッレ・スマナサーラ
スリランカ上座仏教（テーラワーダ仏教）長老。1945年4月、スリランカ生まれ。13歳で出家得度。スリランカの国立ケラニヤ大学で仏教哲学の教鞭をとった後、80年に国費留学生として来日。駒澤大学大学院博士課程を経て、現在は日本テーラワーダ仏教協会で初期仏教の伝道と瞑想指導に従事。全国で講演やセミナーなども行い、ブッダの根本の教えを説き続けている。主な著書に『怒らないこと』『怒らないこと 2』『くじけないこと』『ひとりで生きるということ』『「忙しい」を捨てる　時間にとらわれない生き方』『智慧の扉 こころを整えるブッダの教え』など。日本テーラワーダ仏教協会　https://j-theravada.net/

70歳《さい》から楽《らく》になる
幸福《こうふく》と自由《じゆう》が実《みの》る老《お》い方《かた》

アルボムッレ・スマナサーラ

2023 年　3 月 10 日　初版発行
2024 年 12 月　5 日　3版発行

◆◇◇

発行者　山下直久
発　行　株式会社KADOKAWA
〒102-8177　東京都千代田区富士見 2-13-3
電話　0570-002-301（ナビダイヤル）

装 丁 者　緒方修一（ラーフイン・ワークショップ）
ロゴデザイン　good design company
オビデザイン　Zapp!　白金正之
印 刷 所　株式会社KADOKAWA
製 本 所　株式会社KADOKAWA

角川新書

ISBN978-4-04-082453-6 C0295

KADOKAWAの新書 好評既刊

団地と移民
課題最先端「空間」の闘い
安田浩一

団地はこの国の課題最先端「空間」である。近年、団地は都会の限界集落と化している。高齢者と外国人労働者が居住者の大半を占め、そこへ〝非居住者〟の排外主義者《ネトウヨ》が群がる。テロ後のパリ郊外も取材し、日本に突きつける最前線ルポ！

エシカルフード
山本謙治

倫理的（エシカル）な消費とは、「環境」「人」「動物」に対して生じた倫理的な問題に対し、消費を通じて解決しようとするアプローチのこと。農産物の流通改善に取り組み、情報発信を続けてきた著者による、食のエシカル消費入門書。

がん劇的寛解
アルカリ化食でがんを抑える
和田洋巳

完治できなくても、進行を抑えて日常生活を取り戻す「劇的寛解」という手がある。最新研究と臨床経験から導き出したアルカリ化の食事術で、がんの活動しにくい体内環境へ。元京大病院がん専門医による最良のセカンドオピニオン。

絶滅危惧種はそこにいる
身近な生物保全の最前線
久保田潤一

アマガエルやゲンゴロウなど、身近な生き物たちが絶滅の危機に瀕している。環境保全の専門家である著者は生物の多様性を守るため、池の水を抜き、草地を整え、侵略的外来種を駆除する。ときには密放流者との暗闘も。保護活動の最前線！

次世代型リーダーの基準
世界基準で「話す」「導く」「考える」
田口　力

GE（ゼネラル・エレクトリック）でトップ15％の社員が受けられる幹部研修——そこで語られる「リーダーに求められる考え方」「リーダーシップを発揮するために必要なスキル」とは。マスター・トレーナーが解説する次世代リーダー必携書。